Philipp Austermann

Ein Tag im März

Philipp Austermann

Ein Tag im März

Das Ermächtigungsgesetz und der Untergang der Weimarer Republik

Sonderausgabe für die Zentralen für politische Bildung.

www.herder.de

Umschlaggestaltung: Gestaltungssaal, Rohrdorf
Umschlagmotiv: Jubelnde Berliner grüßen Adolf Hitler auf dem Weg zur Reichstagseröffnung in der Kroll-Oper,

Satz: ZeroSoft, Timişoara
Herstellung: GGP Media GmbH, Pößneck
Printed in Germany

Inhalt

Einleitung

Am 23. März 1933 richtete sich die öffentliche Aufmerksamkeit im Deutschen Reich auf die Krolloper. Der zuvor längere Zeit ungenutzte Gebäudekomplex an der Westseite des Königsplatzes in der Mitte Berlins war recht unerwartet zum Ersatzparlamentsgebäude geworden. Der Plenarsaal, Herzstück des Reichstagsgebäudes auf der Ostseite des Platzes, war durch den Reichstagsbrand am Abend des 27. Februar völlig zerstört worden. Deshalb war der Reichstag in die Krolloper umgezogen. Er sollte nicht mehr zurückkehren.

Von den westlichen Fenstern des Reichstagsgebäudes war ab den Mittagsstunden eine ungeheure Menschenmenge zu sehen. Sie erwartete unter einem wolkenlosen Himmel bei recht kühlen Temperaturen um 5 Grad Celsius die Ankunft der Reichsregierung und der Reichstagsabgeordneten. Für 14 Uhr war eine Reichstagssitzung angesetzt. Der Theatersaal der Krolloper war als Plenarsaal hergerichtet worden. Am Kopfende des Saales, der zuvor für Musikaufführungen genutzt worden war, waren Bänke für die Reichsregierung und den Reichsrat, die Vertretung der Landesregierungen, aufgestellt worden. Zwischen den Bänken und hinter dem Rednerpult befand sich die erhöhte Tribüne für den Reichstagspräsidenten. Die Abgeordneten nahmen, wie es deutsche Parlamentstradition war, gegenüber von Regierung, Präsident und Reichsrat Platz. Insoweit erinnerte alles an den üblichen Plenarsaal des Reichstages. Doch einige Unterschiede waren überdeutlich: An der Wand hinter der Präsidententribüne hing eine große Hakenkreuzfahne. Die Farben der Republik, Schwarz, Rot und Gold, waren nicht zu sehen. Der Reichstagspräsident, der Reichskanzler und viele Abgeordnete trugen die hellbraune SA-Uniform. Neben den Regierungsmitgliedern, Abgeordneten, Diplomaten, Pressevertretern und anderen Zuhörern standen außerdem zahlreiche SA- und SS-Leute an den Innenwänden des Plenarsaales.

Die Krolloper am Königsplatz in Berlin. Sie wird auf dieser Postkarte von 1932/33 noch als „ehemalige“ bezeichnet, da sie bis zum 21. März 1933 nicht genutzt wurde.

Aus der Menge vor den Türen der Krolloper waren Sprechchöre zu vernehmen. Kaum eine Reichstagssitzung seit 1920 war von so einem starken öffentlichen Auflauf begleitet worden. Die durch Verhaftungen stark dezimierte SPD-Fraktion und die Abgeordneten der Deutschen Zentrumspartei hatten, bevor sie zur Krolloper hinübergingen, in ihren noch intakten Fraktionssitzungssälen im Reichstagsgebäude beraten. Sie hatten die schwersten politischen Stunden ihrer Geschichte vor sich: die SPD-Mitglieder, weil sie unter hohem persönlichen Risiko das Gesetzesvorhaben ablehnen wollten, das auf der Tagesordnung des Parlaments stand. Die Abgeordneten des Zentrums, aber auch die Mandatsträger der Bayerischen Volkspartei (BVP) und der Deutschen Staatspartei hatten noch nicht einmal entschieden, wie sie sich verhalten wollten. Sollten sie das Gesetzesvorhaben billigen, sich der Stimme enthalten oder gar dagegen votieren? Das Gesetz, um das es an diesem Nachmittag ging, trug den offiziellen Titel „Gesetz zur Behebung der Not von Volk und Reich". Bekannt und berüchtigt ist es als Ermächtigungsgesetz. Es legte einen wichtigen Grundstein für das NS-Regime.

Was dieses Gesetz bezweckte, wie es zustande kam, ob es überhaupt legal war und welche weitreichenden Wirkungen es hatte, beschreibt dieses Buch. Um die Ereignisse des 23. März 1933 zu verstehen, ist zunächst ein Blick auf die Vorgeschichte erforderlich. Danach wird der „Tag im März" genauer betrachtet, bevor analysiert wird, ob das Ermächtigungsgesetz legal war und welche tatsächlichen Folgen es hatte.

Die Vorgeschichte

1. Hitlers erstes Kabinett

Zur Mittagszeit des 30. Januar 1933 hatte Adolf Hitler sein bis dahin wichtiges Ziel erreicht. Reichspräsident Paul von Hindenburg hatte ihn zum Reichskanzler ernannt. Hitler, der keine Berufsausbildung besaß und in seinen 43 Lebensjahren nie einer geregelten Beschäftigung nachgegangen war, war erst weniger als ein Jahr zuvor überhaupt eingebürgert worden. Obwohl Hitler erklärtermaßen den Staatsumbau hin zu einer Diktatur anstrebte und eindeutig ein Verfassungsfeind war, war seine Ernennung legal. Denn die Weimarer Verfassung verbot es nicht, einen Verfassungsgegner zum Regierungschef zu machen.[1] Der neuen Reichsregierung gehörten neben Hitler nur zwei weitere NSDAP-Mitglieder an: Wilhelm Frick als Reichsinnenminister und Hermann Göring als Reichsminister ohne Geschäftsbereich, kommissarischer preußischer Innenminister sowie Reichskommissar für Luftfahrt. Neuer „Superminister“ für Wirtschaft, Landwirtschaft und Ernährung wurde Alfred Hugenberg. Er gebot über ein weitgefasstes Medienimperium und war der Vorsitzende der rechten Deutschnationalen Volkspartei (DNVP). Das Arbeitsministerium übernahm der parteilose Franz Seldte. Er war der „Bundesführer“ des deutschnationalen Wehrverbandes Stahlhelm, Bund der Frontsoldaten, dem mehrere Hunderttausend Mitglieder angehörten. Somit standen die nationalsozialistischen SA und SS sowie der Stahlhelm hinter der Regierung. Die weiteren sechs, ebenfalls parteilosen Kabinettsmitglieder waren der ehemalige Reichskanzler Franz von Papen (nun Vizekanzler), Werner von Blomberg (Reichswehr)[2], Konstantin von Neurath (Außen), Lutz Graf Schwerin von Krosigk (Finanzen), Paul von Eltz-Rübenach (Post und Verkehr) und Franz Gürtner (Justiz). Die vier letztgenannten waren ehemalige Beamte. Sie waren während Papens Kanzlerschaft im Jahr 1932 als „unabhängige Fachleute“ erstmals in das Kabinett berufen worden und hatten auch dem kurzlebigen Kabinett Kurt von Schleichers (Dezember 1932–Januar 1933) angehört. Auch Günther Gereke, der Reichskommissar für Arbeitsbeschaffung, behielt seinen Posten. Alle Parteilosen verstanden sich selbst politisch als konservativ oder deutschnational.

Das Kabinett Hitler. Sitzend von links nach rechts: Hermann Göring, Adolf Hitler, Franz von Papen. Stehend: Franz Seldte, Günther Gereke, Lutz Graf Schwerin von Krosigk, Wilhelm Frick, Werner von Blomberg, Alfred Hugenberg. Auf dem Bild fehlen Konstantin von Neurath, Paul von Eltz-Rübenach und der etwas später ernannte Franz Gürtner.

Das Presseecho auf die neue Regierung war zwiespältig. Die NSDAP-Presse und die Zeitungen des Hugenberg-Konzerns feierten das neue Kabinett. Andere Blätter wie die liberale *Vossische Zeitung* äußerten sich zurückhaltend. Das ebenfalls liberale *Berliner Tageblatt* kommentierte die Regierungsübernahme Hitlers, Papens und Hugenbergs sehr kritisch: „[D]ie deutsche Republik, das deutsche Volk werden, ohne daß sie jemand gefragt hätte, zum Experimentierfeld für einen Versuch gemacht, von dem wir und mit uns die Mehrheit des Volkes schon heute überzeugt sind, daß er schlecht ausgehen wird."[3] Die KPD- und SPD-Zeitungen lehnten die neue Regierung offen ab. Manche politischen Beobachter vermuteten, die Regierung werde ebenso rasch abgewirtschaftet haben wie ihre Vorgängerinnen. Bemerkenswerterweise rief bei vielen Sozialdemokraten, Kommunisten, Liberalen und Zentrumsleuten vor allem die Ernennung der als reaktionär geltenden Hugenberg und Papen – und weniger die Berufung Hitlers, Fricks oder Görings – Befürchtungen über den künftigen Regierungskurs hervor. So sprach etwa der sozialdemokratische *Vorwärts* von einem „hoch- und großkapitalistische[n] Kabinett, wie es in der Welt noch nirgends existiert hat".[4] Die tatsächlichen Machtverhältnisse im Kabinett wurden allenfalls ansatzweise thematisiert.[5] Denn die drei Nationalsozialisten befanden sich nur der Zahl nach in der Minderheit. Betrachtet man die Posten, die sie übernahmen, verändert sich das Bild. Hitler war als Reichskanzler ohnehin die bestimmende Figur der Regierung. Und auch Frick und Göring hatten äußerst machtvolle Ämter erhalten.

Beide waren langjährige treue Weggenossen Hitlers. Sie hatten schon am gescheiterten Münchner Putschversuch im November 1923 teilgenommen. Der 45-jährige Wilhelm Frick war Jurist, ehemaliger bayerischer Verwaltungsbeamter und

1930/1931 Thüringer Landesminister gewesen. Er gehörte dem Reichstag seit 1924 an. Mit dem Reichsinnenministerium übernahm er unter anderem die Zuständigkeit für das Beamtenrecht und mögliche Verfassungsänderungen. Hermann Göring, ein 40-jähriger ehemaliger Luftwaffenpilot, gehörte dem Reichstag seit 1928 an und war seit August 1932 Reichstagspräsident. Er wurde nun, wie bereits erwähnt, kommissarischer preußischer Innenminister. Seitdem die Regierung Papen am 20. Juli 1932 mit einer Verordnung Hindenburgs die SPD-geführte preußische Landesregierung weitgehend entmachtet hatte („Preußenschlag")[6], bestimmte die Reichsregierung mithilfe von Reichskommissaren, die die preußischen Ministerien führten, auch die preußische Landespolitik. Das führte zu einem erheblichen Machtgewinn der Reichsregierung, da das Land Preußen rund zwei Drittel der Fläche und der Einwohner des Reiches umfasste. Hermann Göring befehligte als neu ernannter kommissarischer Innenminister die preußische Polizei. Sie war die mit Abstand größte Polizeitruppe des Deutschen Reiches und nach der Reichswehr der bedeutsamste innenpolitische Machtfaktor.[7] Folglich hatten Frick und Göring Schlüsselstellungen im Staat inne. Die drei Nationalsozialisten in der Reichsregierung hatten neben einem wichtigen Teil der staatlichen Herrschaftsmittel die paramilitärische SA/SS sowie eine Millionen zählende Anhängerschaft aus Parteimitgliedern und Wählern hinter sich. Damit hoben sie sich von den übrigen Kabinettsmitgliedern deutlich ab. Sie konnten staatliche Macht einsetzen und zugleich über die NS-Presse Stimmung machen und „die Straße" mobilisieren. Diese Kombination verschiedener Herrschaftsinstrumente setzten sie in den kommenden Wochen gezielt und skrupellos ein.

Die acht übrigen Kabinettsmitglieder hatten keinen auch nur ansatzweise vergleichbaren politischen Rückhalt. Alfred

Hugenberg war zwar Vorsitzender der DNVP. Aber seine Partei wurde als reaktionär und elitär angesehen und hatte daher deutlich weniger Mitglieder und Wähler als die NSDAP, die vielen Zeitgenossen „moderner" und schlagkräftiger erschien. Der 67-jährige Hugenberg war, anders als der mehr als 20 Jahre jüngere Hitler, kein mitreißender Demagoge. Er wirkte „etwa wie ein pensionierter Portier".[8] Der Stahlhelm-Verband Franz Seldtes war auch kein Gegengewicht und stellte keine Konkurrenz zur SA oder SS dar. Vielmehr ordnete er sich von Anfang an bereitwillig Hitler unter. Die übrigen parteilosen Reichsminister besaßen überhaupt keinen parteipolitischen oder nennenswerten gesellschaftlichen Rückhalt.[9] Vizekanzler Franz von Papen galt, nachdem er als Reichskanzler krachend gescheitert war, den meisten Beobachtern ohnehin als politisches Leichtgewicht: „Papen hat es an sich, dass weder seine Freunde noch seine Feinde ihn ganz ernst nehmen; es haftet ihm der Stempel der Leichtfertigkeit an, er ist keine Persönlichkeit ersten Ranges."[10]

Dass Papen trotzdem nun wieder am Kabinettstisch sitzen konnte, verdankte er seinen sehr guten Beziehungen zu Hindenburg und dessen Sohn Oskar. Sein Wort hatte bei dem alten Reichspräsidenten Gewicht. Papen war der Architekt der neuen „nationalen Regierung". Er hatte sich am 4. Januar 1933 mit Hitler in der Kölner Villa des Bankiers Kurt von Schröder zu Gesprächen getroffen, seitdem in weiteren Unterredungen mit Hitler die gemeinsame Regierung vorbereitet und – noch wichtiger – bei Hindenburg für die neue Konstellation geworben. Papens Fürsprache war vor allem deshalb erforderlich, weil Hindenburg es im Jahr 1932 zweimal brüsk abgelehnt hatte, Hitler zum Kanzler zu ernennen. Der Reichspräsident hatte im August 1932 sogar öffentlich verbreiten lassen, dass „er es vor seinem Gewissen und seinen Pflichten dem Vaterlande gegenüber nicht verantworten könne, die gesamte Regierungsgewalt ausschließlich der nationalsozialistischen Bewegung zu übertragen, die diese Macht einseitig anzuwenden gewillt sei".[11] Im November 1932 hatte Hindenburg seinen Widerwillen erneut geäußert. Trotz dieser nur kurz zurückliegenden Vorgeschichte hatte Papen bei Hindenburg für die Regierungsbeteiligung der NSDAP geworben, weil er sich selbst davon einiges versprach. Schon während seiner kurzen Kanzlerschaft vom Juni bis November 1932 hatte er geplant, die Reichsverfassung im autoritären Sinne umzugestalten. Die Regierung sollte über den Parteien stehen. Sie und nicht das Parlament sollte die eigentliche Staatsgewalt ausüben. Der Reichstag und jegliche, vor allem linke, Opposition sollten marginalisiert, wenn nicht sogar ausgeschaltet werden. Zumindest teilweise sollte die Verfassung, wie sie bis zum Oktober 1918 bestanden hatte, wiederhergestellt werden.

Papens Vorstellungen entsprachen denen weiter Teile des deutschnationalen Spektrums. Eine Reichstagsmehrheit, die zur zumindest teilweisen Umsetzung der deutschnationalen Ziele erforderlich gewesen wäre, hatten aber weder Papen noch die DNVP hinter sich. Sie waren sogar weit davon entfernt. Papen selbst hatte als Kanzler eine peinliche Schlappe erlitten, als ihm der Reichstag am 12. September 1932 mit 512 zu 42 Stimmen das Misstrauen ausgesprochen hatte. Zwar war das Misstrauensvotum ungültig gewesen, da der Reichstag zuvor aufgelöst worden war. Blamabel war der Vorgang dennoch. Bei der Wahl am 6. November 1932 hatte die DNVP nur 52 der 584 Reichstagsmandate erringen können. Papen hatte wenige Wochen später zurücktreten müssen. Die NSDAP dominierte seit Längerem das rechte Lager. Daher war Papen die Idee gekommen, Hitler und seine NSDAP, die mit immerhin 196 Mandaten die stärkste Reichstagsfraktion stellten, für seine Ziele „zu engagieren".[12]

Würden die NSDAP und die DNVP zusammenarbeiten, hätten sie fast 250 der 584 Reichstagssitze hinter sich.

Das beharrliche Werben Papens hatte schließlich Erfolg gehabt. Hindenburg hatte zugestimmt, den ihm früher unsympathischen „böhmischen Gefreiten" Hitler zum Kanzler zu ernennen. Anders als manchmal vermutet, war der Reichspräsident trotz seiner 85 Lebensjahre keineswegs senil oder in die Ernennung Hitlers hineingedrängt worden. Vielmehr wollte Hindenburg nicht mehr in den politischen Alltagsstreit verwickelt werden und seinen Lebensabend als überparteiliche historische Person beschließen. Seit dem März 1930 war Hindenburg nämlich immer stärker zur bestimmenden politischen Figur geworden. Der Grund war, dass er mit Heinrich Brüning, Franz von Papen und Kurt von Schleicher nacheinander drei Männer zum Reichskanzler ernannt hatte, die keine Parlamentsmehrheit hinter sich hatten. Um die jeweilige Reichsregierung zu stützen oder in dem Versuch, ihr neue Mehrheiten zu verschaffen, hatte der Reichspräsident mehrfach den Reichstag aufgelöst, wozu er nach Artikel 25 der Weimarer Reichsverfassung jederzeit berechtigt war. Damit trotz fehlender Parlamentsmehrheit Rechtsakte mit Gesetzeskraft erlassen werden konnten, hatte Hindenburg die Gesetzesvorschläge der Regierung als Notverordnungen in Kraft gesetzt.

Als Grundlage dafür hatte er Artikel 48 Absatz 2 der Weimarer Verfassung herangezogen. Nach dieser Vorschrift durfte der Reichspräsident, „wenn im Deutschen Reich die öffentliche Sicherheit und Ordnung erheblich gestört oder gefährdet [wurde], die zur Wiederherstellung der öffentlichen Sicherheit und Ordnung nötigen Maßnahmen treffen, erforderlichenfalls mit Hilfe der bewaffneten Macht einschreiten" und „zu diesem Zwecke [...] vorübergehend [bestimmte] Grundrechte ganz oder zum

Teil außer Kraft setzen". Der Verfassungstext sprach gar nicht von (Not-)Verordnungen. Sie wurden aber nach herrschender juristischer Lesart und Staatspraxis als „nötige Maßnahmen" angesehen. Auch der Begriff der „öffentlichen Sicherheit und Ordnung" wurde sehr weit verstanden und sollte sogar Haushalts- und Wirtschaftskrisen umfassen.[13] Während der Amtszeit der Regierungen Brüning, Papen und Schleicher hatte Hindenburg den Artikel 48 Absatz 2 in übermäßiger Weise strapaziert. Er hatte sehr viele Notverordnungen erlassen. Die Gesetzgebung hatte sich damit im Jahr 1931 mehrheitlich von der Legislative zur Exekutive verlagert.[14] Hindenburg war es leid, im Mittelpunkt des politischen Geschehens und Streits zu stehen. Er glaubte, eine Regierung Hitler werde auf der Grundlage einer Parlamentsmehrheit und weitgehend ohne Zuhilfenahme präsidialer Machtbefugnisse regieren können. Immerhin vereinigten die NSDAP und die DNVP zusammen 247 der 584 Reichstagssitze auf sich. Zudem schien Ende Januar 1933 die Aussicht zu bestehen, die Zentrumspartei könnte ebenfalls in die Regierung eintreten, wodurch die Mehrheit der Reichstagsabgeordneten hinter dem Kabinett gestanden hätte. Hindenburg war versichert worden, dass die neue Regierung den mit der Kanzlerschaft Heinrich Brünings (ab März 1930) eingeschlagenen und unter Papen verschärften autoritären Kurs fortsetzen würde.

Franz von Papen engagierte sich für die neue Regierung, weil er glaubte, den Kanzler und die NSDAP im Sinne seiner politischen Ziele einspannen und auf diese Weise selbst die Regierung steuern zu können. Er und Hugenberg waren überzeugt, notfalls den Reichspräsidenten einschalten zu können, wenn dies nötig sein sollte, um Hitler Paroli zu bieten. Allerdings übersahen Papen, Hugenberg und ihre Gesinnungsgenossen, dass ihre Ziele nur auf den ersten Blick mit denen der NSDAP übereinstimmten. Zwar war man sich in einer antidemokratischen, antiparlamentarischen und antimarxistischen Grundhaltung einig. Jedoch wollte die NSDAP bei reaktionären Veränderungen der Reichsverfassung nicht haltmachen. Die Nationalsozialisten waren – anders als Papen, Hugenberg und andere – zur physischen Vernichtung ihrer Gegner bereit. Den Rechtsstaat und die rechtliche Einhegung ihrer Macht lehnten sie ab. Außerdem überschätzten Papen und sein politisches Umfeld die eigene Gestaltungsmacht in einem Bündnis mit den Nationalsozialisten. Der angeblich im Januar 1933 gefallene Satz Papens, in zwei Monaten habe man Hitler in die Ecke gedrückt, dass er quietsche, war Ausdruck eines verhängnisvollen Irrtums.[15] Nicht Papen hatte Hitler „engagiert"[16]; Hitler hatte Papen als Steigbügelhalter zur Macht genutzt. Die neun Nicht-Nationalsozialisten im Kabinett erkannten zunächst die Gefahr nicht, die von Hitler, Göring und Frick ausging, stellten sich ihnen dann nicht entgegen und wurden schließlich marginalisiert.

2. Erste Maßnahmen zum Ausbau der Macht

Hitler wollte die Weimarer Demokratie und jede Opposition zerstören. Vor hohen Reichswehroffizieren sprach er am 3. Februar 1933 in kleinerer Runde vom „Krebsschaden der Demokratie", der beseitigt werden müsse. Auch kündigte er dort eine „straffste autoritäre Staatsführung" sowie die „Ausrottung des Marximus mit Stumpf und Stiel" an.[17] Sein Ziel war es, als schrankenloser Diktator zu herrschen und – irgendwann – seine antisemitische und expansionistische Weltanschauung umzusetzen. Allerdings bestand im Januar 1933 und in den Folgewochen noch kein „Masterplan" der Nationalsozialisten, wie Hitlers Ziele zu erreichen wären.[18] Vielmehr ging die Eroberung der Herrschaft in Stufen vor sich, bis sie im August 1934 abgeschlossen war. Die Ideen für die ersten Schritte bis zum April 1933 stammten offenkundig von Wilhelm Frick, der über die nötigen juristischen Kenntnisse verfügte und bei Bedarf auf die Ressourcen des Reichsinnenministeriums zurückgreifen konnte. Als sie ins Amt gelangt waren, ergriffen Hitler, Frick und Göring sowie die übrigen Nationalsozialisten in der Staatsverwaltung eine Fülle von Maßnahmen, um ihre Macht schnell weiter auszubauen.

Die Übernahme des Kanzleramts war aus Sicht der Nationalsozialisten nur ein erster Schachzug. Als Nächstes wollte Hitler zwei Befugnisse, die die Weimarer Verfassung dem Reichspräsidenten an die Hand gab, zum Ausbau der eigenen Macht nutzen: das Recht zur jederzeitigen Auflösung des Reichstages (Artikel 25 WRV) und das Notverordnungsrecht (Artikel 48 Absatz 2 WRV). Zunächst strebte Hitler eine Reichstagsauflösung und Neuwahlen an. Dies diente zwei Zielen: Zum einen konnte dann die Reichstagsmehrheit, die nicht an der Regierung beteiligt war, das Kabinett nicht mehr durch ein Misstrauensvotum nach Artikel 54 der Weimarer Verfassung stürzen. Zum anderen würde, so der Plan, die NSDAP von Hitlers Kanzlerschaft profitieren und allein die absolute Mehrheit im Reichstag erringen. Die deutschnationalen Steigbügelhalter würden dann nicht mehr gebraucht.

Hugenberg erkannte diese Gefahr, die seiner DNVP drohte. Er war daher strikt gegen Neuwahlen. Noch kurz vor der Ernennung der Regierung hatten Hugenberg und Hitler sich darüber gestritten, ob der Reichstag umgehend aufgelöst werden sollte oder nicht. Nur auf die drängende Bemerkung Otto Meissners, des Staatsekretärs im Reichspräsidialamt, der Reichspräsident warte bereits, war der Streit fürs Erste beendet und das Kabinett

Hitler ernannt worden. In der noch am 30. Januar 1933 stattfindenden ersten Kabinettssitzung der neuen Regierung hatte Hitler Fakten geschaffen.[19] Er „verpfändete" (erneut) sein Wort dafür, dass die Zusammensetzung der Regierung sich infolge der Neuwahl nicht ändern würde. Hugenbergs Widerworte bewirkten nichts. Der DNVP-Vorsitzende erlitt seine erste Niederlage im neuen Amt.[20] Ihr sollten weitere folgen. Hitler wollte bei der Neuwahl nicht stehen bleiben, sondern den Staat weiter umbauen. Die Wahl sollte, so Hitler in einer Ministerbesprechung am 31. Januar 1933, zugleich die letzte sein.[21] Widerspruch dagegen erhob sich nicht. Im Gegenteil stimmte Papen Hitler ausdrücklich zu. Eine Rückkehr zum parlamentarischen System sei für immer zu vermeiden.[22]

Am 1. Februar 1933 löste Hindenburg den Reichstag, wie vom Kanzler erbeten, auf.[23] Der Reichspräsident begründete die Maßnahme damit, dass sich „die Bildung einer arbeitsfähigen Mehrheit als nicht möglich herausgestellt" habe und nun „das Volk durch Wahl eines neuen Reichstags zu der neugebildeten Regierung des nationalen Zusammenschlusses Stellung nehmen" könne.[24] Diese Begründung spielte an auf die vermeintlich fehlende Bereitschaft anderer Parteien, die Regierung im Reichstag zu unterstützen. Hitler versäumte es auch nicht, gegenüber dem Kabinett und der Öffentlichkeit zu behaupten, das Zentrum sei zur Unterstützung der Regierung nicht bereit gewesen.[25] Das war eine Lüge, worauf etwa die anerkannte *Vossische Zeitung* und auch das empörte Zentrum deutlich hinwiesen.[26] Zwar hatte Hitler mit dem Zentrum kurz Gespräche darüber geführt, ob die Partei die Regierung im Reichstag unterstützen würde, etwa bei einem Antrag auf längerfristige Vertagung des Parlaments.[27] Aber der Kanzler selbst hatte den Gesprächsfaden durchtrennt und auf einen Fragenkatalog des Zentrums zur künftigen Regierungspolitik einfach nicht reagiert.[28] Er hatte von Anfang an lediglich Scheinverhandlungen geführt.[29]

Durch die Reichstagsauflösung wurden bereits angekündigte Misstrauensanträge der SPD und der KPD im Parlament gegenstandslos.[30] Sie hätten wohl zum Sturz der Regierung geführt. Mit der Reichstagsauflösung hatten die Nationalsozialisten ein erstes Zwischenziel auf dem Weg zur alleinigen Macht erreicht. Die Regierung konnte bis zum Zusammentritt des neu zu wählenden Reichstages nicht durch ein Misstrauensvotum gestürzt werden. Außerdem konnte der Reichstag nicht mehr (nach Artikel 48 Absatz 3 WRV) die Aufhebung präsidialer Notverordnungen verlangen. Die nach der Parlamentsauflösung noch bestehenden Reste parlamentarischer Kontrolle durch einen Reichstagsausschuss beseitigten die Nationalsozialisten schnell. NSDAP-Abgeordnete sprengten die beiden Sitzungen des „Überwachungsausschusses".[31]

Hitler strebte eine absolute Mehrheit der Sitze für die Reichsregierung an.[32] Zugleich wollte er die Opposition, vor allem die ihm verhassten linken Parteien KPD und SPD, ganz generell massiv schwächen. Dahinter standen machtpolitische, aber auch ideologische Erwägungen. Die Opposition sollte mithilfe des Notverordnungsrechts Hindenburgs attackiert werden. Dem Kabinett gegenüber sprachen Hitler, Frick und Göring diese Absicht nicht offen an. Stattdessen plädierten sie Anfang Februar für eine Notverordnung, um angeblichen kommunistischen „Terrorakten" zu begegnen. Göring und Frick bezeichneten sie als „sogenannte Schubkastenverordnung".[33] Damit nahmen sie darauf Bezug, dass schon in den Jahren 1931 und 1932 Verordnungen gegen politische Ausschreitungen erlassen oder erwogen worden waren und ein Muster für eine Verordnung gewissermaßen in der Schublade (oder: dem „Schubkasten") des Reichsinnenministeriums bereitlag.[34] Reichsinnenminister Frick konnte insoweit auf das Fachwissen derselben Beamten zurückgreifen, die bereits grundrechtseinschränkende Notverordnungen für die Vorgängerkabinette entworfen hatten.

Das Kabinett stimmte dem Verordnungsvorschlag zu, und Hindenburg kam dem Wunsch der Regierung nach. Er erließ am 4. Februar 1933 die „Verordnung zum Schutze des deutschen Volkes“[35], die erste in einer Reihe von Notverordnungen, die den Weg zur NS-Diktatur ebneten. Sie war zwar auf den ersten Blick den schon erwähnten früheren Notverordnungen der Regierungen Brüning oder Papen nachgebildet. Ihre Zielsetzung war aber eine andere. Sie richtete sich nicht gegen jede staatsgefährdende Tätigkeit, sondern gegen jede *oppositionelle* Betätigung. Der Reichsregierung war es nun gestattet, die Verbreitung von Druckschriften sowie politische Versammlungen und Geldsammlungen von Parteien zu untersagen. Ferner enthielt die Verordnung Strafvorschriften und sah in Paragraph 22 die „Schutzhaft“ für bestimmte „Vergehen“ vor. Sowohl die Presse als auch die Wahlkampfkundgebungen der Opposition wurden mit ihrer Hilfe massiv behindert. Zwar bestanden noch Rechtsschutzmöglichkeiten. Sie halfen aber kaum weiter, da die Zeit, sie zu ergreifen, oftmals fehlte. Die Anfechtung eines Versammlungsverbots half nicht darüber hinweg, dass die Versammlung zu dem geplanten Termin nicht hatte stattfinden können, zumal die Behörden eine neue Versammlung ebenfalls sofort untersagt hätten. Ihrem Gehalt und ihrer Anwendung nach war diese Notverordnung, anders als ihre vermeintlichen Vorgängerinnen, nicht verfassungserhaltend, sondern – aus der Perspektive der pluralistischen Weimarer Verfassung, die die Opposition als notwendig schützte – geradezu verfassungszersetzend. Die Regierung Hitler nutzte Verordnungen der Regierungen Brüning und

Papen zur Befriedung der politischen Lage als Blaupause für eine Verordnung gegen ihre politischen Gegner.

In Preußen ergriff Hitlers enger Gefolgsmann Hermann Göring als kommissarischer preußischer Innenminister zusätzliche Maßnahmen zur Machtsicherung und Ausschaltung der Opposition. Er nutzte die starke preußische Polizei und Verwaltung und „machte Preußen zum Vorreiter der Verfolgung und Gleichschaltung".[36] Hohe Beamte des Zentrums und der Deutschen Staatspartei, die den Preußenschlag im Juli 1932 noch überstanden hatten, wurden jetzt entlassen und durch politisch genehme nationalsozialistische oder deutschnationale Amtsträger ersetzt. Göring verstieß ohne viel Federlesen gegen die rechtsstaatlichen Garantien der Reichsverfassung und der preußischen Verfassung. Mit einem Erlass vom 17. Februar 1933 äußerte er sogar die Erwartung, dass die Polizei gegenüber den „nationalen Verbänden (SA, SS und Stahlhelm) [...] das beste Einvernehmen herstellen und unterhalten" solle. Jede „Betätigung für nationale Zwecke und die nationale Propaganda" sei „mit allen Kräften zu unterstützen". Dem „Treiben staatsfeindlicher Organisationen" sei „mit den schärfsten Mitteln" entgegenzutreten. Im sogenannten Schießbefehl hieß es dann: „Gegen kommunistische Terrorakte und Überfälle ist mit aller Strenge vorzugehen und, wenn nötig, rücksichtslos von der Waffe Gebrauch zu machen. Polizeibeamte, die in Ausübung dieser Pflichten von der Schußwaffe Gebrauch machen, werden ohne Rücksicht auf die Folgen des Schußwaffengebrauchs von mir [Göring] gedeckt." Die Verbrechersprache („decken") war bezeichnend. „Jeder Beamte hat", so Görings Erlass weiter, „sich stets vor Augen zu halten, daß die Unterlassung einer Maßnahme schwerer wiegt als begangene Fehler in der Ausübung".[37]

Neben diesem Freifahrtschein zur (auch tödlichen) Polizeigewalt berief Göring zudem am 22. Februar 1933 SA- und SS-Leute sowie Männer des Stahlhelms zu preußischen Hilfspolizisten. Im mit Abstand größten deutschen Land patrouillierten von nun an Schlägertypen neben Polizeibeamten durch die Straßen. Man geht von ca. 40 000 SA- und SS-Leuten sowie 10 000 Stahlhelmmitgliedern aus.[38] Die Zahl der neuen Hilfspolizisten erreichte damit fast die Zahl der regulären Polizeikräfte.[39] Viele andere deutsche Länder folgten nach ihrer Gleichschaltung dem Beispiel Preußens. Die „Landsknechte", wie Lion Feuchtwanger die SA in seinem Roman „Die Geschwister Oppermann" genannt hat, beherrschten die Straßen. Die Polizei unterstützte sie oder ließ sie zumindest gewähren.

3. Die Aushebelung des Rechtsstaats und des Föderalismus

Am Abend des 27. Februar 1933 brach durch Brandstiftung ein großes Feuer im Reichstag aus. Der Plenarsaal wurde zerstört, die Kuppel stark beschädigt. Bis heute ist umstritten, ob der am Tatort verhaftete niederländische Anarchist Marinus van der Lubbe den Reichstag angezündet hatte oder ob Nationalsozialisten ihre Hände im Spiel hatten.[40] Sicher ist jedenfalls, dass die Regierung Hitler den Brand umgehend für ihre Zwecke nutzte. Hindenburg erließ auf ihre Bitte hin am 28. Februar 1933, nur einen Tag nach dem Feuer, die „Verordnung des Reichspräsidenten zum Schutz von Volk und Staat".[41] Sie ist wegen ihrer Verknüpfung mit dem Feuer im Parlament als „Reichstagsbrandverordnung" bekannt und wegen ihrer Folgen berüchtigt. „Zur Abwehr kommunistischer staatsgefährdender Gewaltakte" setzte die Verordnung „bis auf weiteres“ sieben Grundrechtsartikel der Weimarer Verfassung außer Kraft: die Freiheit der Person, die Unverletzlichkeit der Wohnung, das Post-, Telegrafen- und Fernsprechgeheimnis, die Meinungs- und die Pressefreiheit, die Versammlungsfreiheit und die Vereinigungsfreiheit sowie das Eigentumsgrundrecht. Damit war der Kernbestand der bürgerlichen Freiheiten nicht mehr vorhanden. Ein Rechtsschutz gegen staatliche Maßnahmen, die aufgrund der Verordnung ergriffen wurden, war nicht vorgesehen.

Somit verordnete Hindenburg die fast völlige Rechtlosigkeit des Individuums im „Dritten Reich“[42] und übertrug der Reichsregierung eine Machtfülle, die seiner eigenen nahekam.[43] Der Rechtsstaat wurde ausgehebelt und der dauerhafte Ausnahmezustand begründet. Zugleich wurden Strafvorschriften massiv verschärft; bestimmte Delikte, darunter Hochverrat und Brandstiftung, konnten nun mit dem Tode bestraft werden. Die Reichsregierung wurde ermächtigt, Befugnisse der Landesregierungen an sich zu ziehen. Das war ein Freibrief, die Herrschaft in allen bis dahin nicht nationalsozialistisch regierten Ländern zu übernehmen. Die Reichsregierung nutzte ihre Möglichkeiten und setzte bis Mitte März in mehreren Ländern anstelle der gewählten Landesregierungen eigene, ihr genehme Kabinette ein. Damit hebelte sie den Föderalismus aus und zog alle politische Macht in Reich und Ländern an sich.

Zwar war die Reichstagsbrandverordnung verfassungswidrig und damit ungültig, weil „eine erhebliche Störung oder Gefährdung der öffentlichen Sicherheit und Ordnung im Deutschen Reich“, wie sie die Weimarer Verfassung (Artikel 48 Absatz 2 Satz 1) verlangte, nicht vorlag.[44] Die von der Verordnung bemühten „kommunistischen staatsgefährdenden Gewaltakte“ gab es nicht. Ein kommunistischer Aufstand war nicht zu befürchten. Die KPD war gar nicht darauf vorbereitet. Die Notsituation, auf der die Verordnung fußte, war fingiert.[45] Sicherheit und Ordnung waren allein durch die Regierung und die SA bedroht. Außerdem hatte Hindenburg die Verordnung offenbar auch noch „blanko" – also ohne den Text zu kennen – unterschrieben, was ebenfalls zur Verfassungswidrigkeit führte.[46]

Aber den Nationalsozialisten war es egal, ob die Verordnung legal war oder nicht. Es genügte ihnen, dass sie legal *wirkte*. Hier wird zum ersten Mal ein Verhaltensmuster sichtbar, das in der Folgezeit immer wieder zu beobachten ist. Die scheinbare Legalität genügte, um der Bevölkerung zu vermitteln, alles habe seine Ordnung. Dies war gerade in den ersten Wochen und Monaten der Regierung Hitler von großer Bedeutung für deren Stabilität. Auch die Hauptwirkung des Ermächtigungsgesetzes bestand darin, eine Legalität darauf beruhender Maßnahmen vorzuspiegeln. Hierauf wird noch zurückzukommen sein.

Neben der scheinbaren Legalität der Notverordnungen trug die massive, einschüchternde Gewalt auf der Grundlage dieser Verordnungen dazu bei, die Herrschaft der neuen Reichsregierung zu festigen. Die Reichstagsbrandverordnung und in geringerem Umfang die „Schubkastenverordnung" dienten in unzähligen Fällen als Grundlage, um gegen missliebige Personen vorzugehen. Am häufigsten waren Kommunisten, aber auch Sozialdemokraten Opfer der Maßnahmen. Die Reichstagsbrandverordnung wurde „gezielt missbräuchlich" angewendet und viel zu weit ausgelegt.[47] Sie richtete sich nicht, wie die Schubkastenverordnung, vorrangig gegen Druckschriften und Versammlungen, sondern gegen Kommunisten und andere linke Oppositionelle als Personen. Polizeibehörden, SA-, SS- und Stahlhelm-Leute nahmen Personen, die sie drangsalieren wollten, in „Schutzhaft". Diese wurde seitens des Staates als zulässige

Maßnahme zur Wiederherstellung der öffentlichen Sicherheit und Ordnung bezeichnet. Manche Schutzhaftbefehle stützten sich auf die Reichstagsbrandverordnung, andere verzichteten ganz auf die Nennung einer Rechtsgrundlage.[48] An Voraussetzungen war die Schutzhaft nicht gebunden. Sie wurde mit oder ohne Haftbefehl verhängt. Ihre Dauer war nicht festgelegt. Gerichtlich überprüft werden konnte sie nicht.[49]

Rechtsstaatliche Bedenken gegen die viel zu unbestimmte Verordnung konnten schon Ende Februar 1933, kaum einen Monat nach Hitlers Ernennung, kein Gehör mehr finden. Die Exzesse gegen politische Gegner waren unbeschreiblich. Tausende Kommunisten, Sozialdemokraten und andere Oppositionelle wurden bald nach dem Erlass der Reichstagsbrandverordnung nach vorbereiteten Listen in Schutzhaft genommen, in illegale „wilde" Lager der SA verschleppt, misshandelt oder gar getötet. Auch vor Übergriffen auf Reichstagsabgeordnete der KPD und der SPD schreckte die SA nicht zurück.[50] Im Juli 1933 befanden sich rund 18 000 Personen in Schutzhaft, davon 12 000 in Preußen.[51] Die staatlich organisierte oder tolerierte Gewalt beeinträchtigte den Wahlkampf von KPD und SPD, der durch die Schubkastenverordnung schon stark gestört war, noch weiter. Die Organisationsstrukturen der KPD wurden in kürzester Zeit zerschlagen. Sozialdemokratische Zeitungen und Publikationen, die der katholischen Zentrumspartei oder der liberalen Deutschen Staatspartei nahestanden, wurden im Februar und März ganz oder zeitweise verboten. Wahlkampfveranstaltungen der oppositionellen Parteien wurden untersagt oder durch Gewaltakte der SA gestört.[52]

Die Reichstagsbrandverordnung war neben dem Ermächtigungsgesetz eine der wichtigsten „Rechtsgrundlagen" für die nationalsozialistische Herrschaft und damit einer der beiden entscheidenden Schritte hin zur nationalsozialistischen Diktatur. Die Verordnung zerstörte in weiten Teilen den Rechtsstaat, vor allem den Schutz der Grundrechte. Sie etablierte einen dauerhaften Ausnahmezustand, über die Geltung der Weimarer Verfassung hinaus, und ermöglichte die jederzeitige Verhaftung aller Personen. „Aus dem Regierungswechsel [am 30. Januar 1933] begann ein Systemwechsel zu werden".[53] Die Machthaber nutzten diese Rechtsgrundlage bis zum Ende des „Dritten Reiches" für die Verfolgung Andersdenkender. Die Grundrechte wurden nicht, wie es Artikel 48 Absatz 2 Satz 2 der Weimarer Verfassung vorsah, vorübergehend, sondern faktisch dauerhaft bis zum Mai 1945 außer Kraft gesetzt.

4. Pläne zum Umbau der Staatsorganisation

Die Nationalsozialisten hatten den Rechtsstaat und insbesondere den Grundrechtsschutz sowie den Föderalismus ausgehebelt. Nun wandten sie sich dem tiefgreifenden Umbau der Staatsorganisation zu. Von Anfang an hatte die neue Reichsregierung überlegt, wie man die eigene Macht zementieren könnte. Schon in ihrer ersten Sitzung am 30. Januar 1933 war von einem „Ermächtigungsgesetz" die Rede.[54] Hugenberg und Papen sprachen sich für ein solches Gesetz aus. Wie sie sich dessen Inhalt vorstellten, ergibt sich aus dem Besprechungsprotokoll allerdings nicht. Deutlicher wurde Otto Meissner. Der äußerst wendige, in Rechts- und Machtfragen versierte hohe Beamte hatte zunächst dem sozialdemokratischen Reichspräsidenten Friedrich Ebert gedient und war vom Herzensmonarchisten Hindenburg übernommen worden (nach dessen Tod sollte er bis 1945 auch Hitler zu Diensten sein.) Meissner nahm als Staatssekretär des

Reichspräsidenten an den Regierungssitzungen teil. Er „stellte zur Erwägung, ein Ermächtigungsgesetz des Inhalts zu beantragen, daß die Reichsregierung zur Vornahme der Maßnahmen ermächtigt werde, die zur Bekämpfung der Arbeitslosigkeit notwendig seien. Ein derartiges Gesetz erfordere nur eine einfache Mehrheit im Reichstag."[55] Offenbar dachte Meissner an die zwei Ermächtigungsgesetze, die der Reichstag rund zehn Jahre zuvor beschlossen hatte. Im Krisen- und Inflationsjahr 1923 hatte der Reichstag die Reichsregierung befristet befugt (in der Rechtssprache: „ermächtigt"), bestimmte Maßnahmen zur Krisenbewältigung rasch ergreifen zu können, namentlich Verordnungen zu erlassen.[56] Der Reichstag hatte sich allerdings vorbehalten, die Aufhebung der Verordnungen verlangen zu können. Das zweite der beiden Gesetze verbot Abweichungen von der Verfassung ausdrücklich.

Aber Hitler und Frick schwebte etwas völlig anderes vor: Die Reichsregierung sollte nicht vom Reichstag zu bestimmten Maßnahmen befähigt werden. Sie sollte künftig selbst und ohne Beteiligung anderer Verfassungsorgane Gesetze erlassen dürfen. Sie sollte zur vollwertigen Gesetzgeberin (Legislative) werden und insoweit dem Reichstag gleichgestellt werden. Der Reichstag oder ein anderes Verfassungsorgan sollte die Aufhebung solcher Gesetze nicht verlangen dürfen. Für dieses Vorhaben war – wollte man sich jedenfalls vorgeblich im legalen Rahmen bewegen – eine Änderung der Weimarer Verfassung erforderlich. Das für die Aushebelung des Rechtsstaates und des Föderalismus genutzte Instrument der Notverordnung genügte hierfür nicht. Für die Verfassungsänderung war der Reichstag nötig. Nur er durfte ein verfassungsänderndes Gesetz beschließen. Die Verfassungsänderung sollte, so der Plan, die Reichsregierung deutlich stärken – zulasten des Reichstages, des Reichsrates und des

Reichspräsidenten. Diese sollten künftig an der Gesetzgebung nicht mehr (oder nur noch in Ausnahmefällen) beteiligt werden. Die Reichsregierung sollte de facto zur alleinigen Legislative werden. Schon im August und im November 1932, als er über seine Ernennung zum Kanzler verhandelte, hatte Hitler gegenüber Parteigenossen und Hindenburgs Staatssekretär Meissner von einem Ermächtigungsgesetz gesprochen.[57] Frick hatte in einem Interview mit dem *Völkischen Beobachter* am Tag nach Hitlers Ernennung den Inhalt eines solchen Gesetzes skizziert.[58] Mit den Regierungspartnern oder gar im Kabinett besprachen die Nationalsozialisten diese Pläne zunächst nicht.

Am 5. März 1933 wurde der Reichstag neu gewählt. Der Wahlkampf war von staatlich organisiertem oder toleriertem Terror gegen die Opposition gekennzeichnet. Neben den massiv drangsalierten Kommunisten und Sozialdemokraten war auch der Wahlkampf des Zentrums attackiert und gestört worden. Die eigentliche Stimmabgabe im Wahllokal blieb frei und geheim.[59] Sie war aber naturgemäß durch die massive Regierungspropaganda beeinflusst. Dennoch erreichte die NSDAP bei einer nie dagewesenen Wahlbeteiligung von 88 % nicht die von Hitler erhoffte absolute Mehrheit der Reichstagssitze. Sie war zwar mit 43,9 % der Stimmen (und 288 Sitzen) die weitaus stärkste Partei. Für die Sitzmehrheit benötigte sie aber einen Koalitionspartner. Die von der DNVP mitgetragene Wahlliste Kampffront Schwarz-Weiß-Rot, auf der unter anderem die Regierungsmitglieder Hugenberg, Seldte und Papen kandidiert hatten, gewann 8 % der Stimmen (52 Sitze). Da sich ein Abgeordneter einer württembergischen Splitterpartei der DNVP-Fraktion anschloss, hatte die Regierung Hitler mit 341 von 647 die sichere Mehrheit der Reichstagsabgeordneten hinter sich. Ein Misstrauensvotum musste sie nicht mehr befürchten. Sie konnte außerdem davon ausgehen, dass das Parlament mit der NSDAP-DNVP-Mehrheit ihre Gesetzesvorhaben ohne Schwierigkeiten verabschieden würde. Hätte Hitler wirklich unter Einbeziehung des Reichstages, also im Rahmen der Verfassung, regieren wollen, hätte er nun zufrieden sein müssen. Aber Hitler genügte dieser Zustand nicht. Er wollte die nationalsozialistische Diktatur unter seiner Führung. Zu diesem Zweck sollten die Länder und die Kommunen gleichgeschaltet sowie der Reichstag, der Reichsrat und der Reichspräsident entmachtet werden.

Schon während früherer Ministerbesprechungen waren die Absichten der Nationalsozialisten zum Staatsumbau erkennbar gewesen. Kurz nach der gewonnenen Reichstagswahl formulierten die Nationalsozialisten ihre Ziele noch offener als zuvor. Sie legten jede Zurückhaltung ab. Hitler erklärte in einer Ministerbesprechung am 7. März 1933, er sehe „die Ereignisse des 5. März", also die Wahl, als „Revolution" an. „Am Ende werde es in Deutschland keinen Marxismus mehr geben", so Hitler laut Protokoll.[60] In dieser Sitzung sprachen die Regierungsmitglieder unverhohlen über die Entmachtung einiger demokratisch legitimierter Landesregierungen – die dann auch bald stattfinden sollte – sowie über die Erhängung des vermeintlichen Reichstagsbrandstifters van der Lubbe. Frick forderte dessen öffentliche Hinrichtung auf dem Königsplatz.[61] Er bewies damit erneut die Brutalität und die Menschenverachtung seiner Partei.

In den Sitzungen der vorherigen Kabinette Brüning, Papen oder Schleicher wären solche Äußerungen undenkbar gewesen. Schon nach wenigen Wochen an der Regierung prägten die drei Nationalsozialisten Hitler, Frick und Göring den Tonfall und die Ziele der Reichsregierung. Die übrigen Kabinettsmitglieder meldeten keinen Widerspruch an. Selbst der DNVP-Vorsitzende Hugenberg, dem ein Medienimperium zu Gebote stand und der durchaus machtbewusst war, setzte den Nationalsozialisten nichts entgegen. Der Stahlhelm-Bundesführer Seldte war mit dem Regierungskurs vollends einverstanden und sollte im April 1933 in die NSDAP eintreten. Die parteilosen Reichsminister hatten ohnehin keine Machtbasis und auch nicht den Willen, sich zu widersetzen.

In der ersten Ministerbesprechung nach der Reichstagswahl erklärte Hitler, ein Ermächtigungsgesetz, das durch eine Zweidrittelmehrheit beschlossen werden müsse, sei notwendig. Er sei, so das Protokoll, „fest davon überzeugt, daß der Reichstag ein solches Gesetz beschließen werde. Die Abgeordneten der KPD würden bei der Eröffnung des Reichstags nicht in Erscheinung treten, weil sie sich in Haft befänden."[62] Göring pflichtete Hitler bei. Für ein Ermächtigungsgesetz werde die Zweidrittelmehrheit im Reichstag zustande kommen. Zugleich stellte Göring Überlegungen an, wie man mit Abgeordneten umgehen solle, die der Abstimmung absichtlich fernblieben, um zu verhindern, dass die für eine Verfassungsänderung erforderliche Zahl von Anwesenden erreicht würde. Ihnen sollten die Freifahrtkarten und die Diäten, also das Abgeordnetengehalt, für die Dauer der Wahlperiode genommen werden. Göring wechselte gedanklich in sein zweites Amt als Reichstagspräsident und kündigte an, eine Änderung der Geschäftsordnung in dem skizzierten Sinne vorzubereiten.[63] Dabei blieb unbeachtet, dass der Anspruch auf Freifahrt und Diäten in Artikel 40 der Weimarer Verfassung geregelt war und durch eine Änderung der Geschäftsordnung nicht aberkannt werden durfte. Denn die Geschäftsordnung stand rechtlich unterhalb der Verfassung. Dies zeigte sich dadurch, dass die Verfassung den Reichstag zum Erlass einer Geschäftsordnung verpflichtete (Artikel 26 Satz 2 WRV).[64] Doch äußerte in der Kabinettsrunde niemand Bedenken gegen Görings Pläne.

In einer Ministerbesprechung am Abend des 15. März 1933 äußerte sich Hitler zunächst erfreut über den wenige Tage zuvor erfolgten (handstreichartigen[65]) Sturz der bayerischen und der württembergischen Regierung auf der scheinlegalen Grundlage der Reichstagsbrandverordnung: Die Reichsregierung hatte angebliche oder von der SA ausgelöste Tumulte zum Anlass genommen, die öffentliche Sicherheit und Ordnung in diesen Ländern für gefährdet zu erklären. In der Folge hatte sie dann die Landesregierungen abgesetzt, um – wie sie behauptete – Ruhe und Ordnung wieder herzustellen. Die Gleichschaltung der Landesregierungen war mit der Machtübernahme in Süddeutschland abgeschlossen. „Die nationale Revolution", so Hitler, sei „ohne große Erschütterungen vor sich gegangen". Von den Gewaltaktionen nach der Reichstagsbrandverordnung und den putschartigen Zuständen bei der Absetzung der bayerischen Regierung war keine Rede. Der Reichskanzler bekräftigte seine Ansicht, ein Ermächtigungsgesetz werde im Reichstag die erforderliche Zweidrittelmehrheit erreichen.[66] Innenminister Frick stellte den Inhalt eines solchen Gesetzes vor: Es werde so weit gefasst werden müssen, dass von jeder Bestimmung der Reichsverfassung abgewichen werden könne, und müsse auf die Dauer von 4 Jahren begrenzt werden. Frick überlegte, „ob ein Zusatz des Inhalts zweckmäßig sei, wonach die Gültigkeit des Ermächtigungsgesetzes von der jetzigen Zusammensetzung der Reichsregierung abhänge".[67] Das Ermächtigungsgesetz sollte, wie aus den Worten Fricks hervorging, die Weimarer Verfassung ändern.

Widerspruch gegen das Ermächtigungsgesetz, gegen eine Verfassungsänderung oder gegen den Umgang mit der KPD erhob sich nicht. Lediglich Hugenberg versuchte, den Reichspräsidenten als Notanker ins Spiel zu bringen, und fragte, ob dessen Mitwirkung an den Gesetzen, die aufgrund des geplanten

Ermächtigungsgesetzes verabschiedet würden, vorgesehen sei. Hindenburgs Staatssekretär Meissner antwortete, dass die Mitwirkung des Reichspräsidenten nicht erforderlich sei und von diesem auch nicht verlangt werde. Vielleicht sei es zweckmäßig, bei einigen Gesetzen, die von besonderer Bedeutung seien, auch Hindenburgs Autorität einzuschalten.[68] Vom Reichspräsidenten war folglich keine Hilfe gegen Hitler zu erwarten.[69] Bemühungen des Justizstaatssekretärs Schlegelberger, des Justizministers Gürtner und des Vizekanzlers Papen, Hindenburg doch einzubinden, misslangen.[70] Hugenberg, Papen oder Gürtner hätten daraufhin zurücktreten können. Damit wäre die Koalition aus NSDAP und DNVP geplatzt und das Ermächtigungsgesetz in weite Ferne gerückt. Doch niemand zog Konsequenzen. Alle blieben im Kabinett. Die DNVP stand weiter an der Seite der NSDAP und auch die parteilosen Minister standen wie bisher parat.

Das Kabinett hatte zwar grob besprochen, welchen Inhalt das Ermächtigungsgesetz haben könnte. Ein detaillierter Gesetzentwurf lag aber erst in der Ministerbesprechung am 20. März 1933 vor. Der Vorschlag stammte aus Fricks Reichsinnenministerium. Frick hatte ihn zwei Tage zuvor an Hans Heinrich Lammers, den Staatssekretär der Reichskanzlei, geschickt.[71] Das Innenressort war (damals wie heute) neben dem Justizressort für die Vorbereitung von Verfassungsänderungen zuständig. Der Entwurf trug den Titel „Gesetz zur Behebung der Not von Volk und Reich". Die Vorschriften lauteten:

Artikel 1
Reichsgesetze können außer in dem in der Reichsverfassung vorgesehenen Verfahren auch durch die Reichsregierung beschlossen werden. Dies gilt auch für die in den Artikeln 85 Abs. 2 und 87 der Reichsverfassung bezeichneten Gesetze.

Artikel 2
Die von der Reichsregierung beschlossenen Reichsgesetze können von der Reichsverfassung abweichen, soweit sie nicht die Einrichtung des Reichstags und des Reichsrats als solche zum Gegenstand haben. Die Rechte des Reichspräsidenten bleiben unberührt.

Artikel 3
Die von der Reichsregierung beschlossenen Reichsgesetze werden vom Reichskanzler ausgefertigt und im Reichsgesetzblatt verkündet. Sie treten, soweit sie nichts anderes bestimmen, mit dem auf die Verkündung folgenden Tage in Kraft. Die Artikel 68 bis 77 der Reichsverfassung finden auf die von der Reichsregierung beschlossenen Gesetze keine Anwendung.

Artikel 4
Verträge des Reiches mit fremden Staaten, die sich auf Gegenstände der Reichsgesetzgebung beziehen, bedürfen für die Dauer der Geltung dieses Gesetzes nicht der Zustimmung der an der Gesetzgebung beteiligten Körperschaften. Die Reichsregierung erläßt die zur Durchführung dieser Verträge erforderlichen Vorschriften.

Artikel 5
Dieses Gesetz tritt mit dem Tage seiner Verkündung in Kraft. Es tritt mit dem 1. April 1937 außer Kraft, es tritt ferner außer Kraft, wenn die gegenwärtige Reichsregierung durch eine andere abgelöst wird.

Die nur fünf Artikel hatten es in sich. Ziel des Gesetzentwurfs war die grundlegende Änderung der Weimarer Verfassung: Die Reichsregierung sollte selbst Gesetze beschließen und den Reichshaushalt aufstellen dürfen (Artikel 1 des Entwurfs). Sie sollte sogar in sehr weiten Grenzen die Verfassung ändern dürfen (Artikel 2). Der Reichskanzler sollte diese „Regierungsgesetze“ selbst ausfertigen (d. h. unterzeichnen) und im Reichsgesetzblatt verkünden dürfen (Artikel 3). Schließlich sollte die Reichsregierung die Befugnis erhalten, Verträge des Reiches mit fremden Staaten, die sich auf Gegenstände der Reichsgesetzgebung bezogen, ohne Zustimmung anderer Verfassungsorgane abzuschließen (Artikel 4). Das Ermächtigungsgesetz sollte somit neben dem bestehenden Gesetzgebungsverfahren, an dem der Reichstag, der Reichsrat und der Reichspräsident mitzuwirken hatten, ein paralleles Gesetzgebungsverfahren allein durch die Reichsregierung einführen. Mit einer „Ermächtigung“ im juristischen Sinne hatte das Gesetz nichts zu tun, seiner bis heute bekannten Bezeichnung zum Trotz.[72] Üblicherweise erfasste (und erfasst) der Begriff nämlich die Erlaubnis der Legislative zur eigenständigen Rechtssetzung durch die Exekutive, aber nur im Rahmen fester Vorgaben. Ein Beispiel ist die vom Parlament der Regierung eingeräumte Kompetenz, Verordnungen zu erlassen. Das Ermächtigungsgesetz zielte nur auf den ersten Blick darauf ab, das Parlament möge der Regierung die Rechtsetzung gestatten. Tatsächlich sollte der Reichstag mit dem geplanten Gesetz die Verfassung ändern und der Reichsregierung ein *eigenständiges* Gesetzgebungsrecht unabhängig von dem des Reichstages und ohne rechtliche Vorgaben einräumen. Die Reichsregierung sollte künftig Gesetze entwerfen, verabschieden und in Kraft setzen dürfen. Der Reichstag, der Reichsrat und der Reichspräsident sollten zur Gesetzgebung nicht mehr nötig sein. Die Regierung

Hitler sollte damit auf einen sie unterstützenden Reichstag oder ersatzweise auf das Verordnungsrecht des Reichspräsidenten nicht mehr angewiesen sein.

Sie strebte deutlich damit mehr Macht an als alle Vorgängerkabinette seit 1919. Die Reichskanzler Brüning, Papen und Schleicher hatten in Ermangelung eigener Parlamentsmehrheiten stets die Unterstützung des Reichspräsidenten benötigt. Dieser hatte durch Verordnungen oder Reichstagsauflösungen versucht, die Politik „seiner" Kabinette durchzusetzen und diese an der Macht zu halten. Der von Frick vorgelegte Gesetzentwurf sprach nicht davon, andere Verfassungsorgane zugunsten der Reichsregierung zu entmachten oder gleich die Verfassung außer Kraft zu setzen. Er wahrte vielmehr die bekannten Formen eines Gesetzentwurfs mit dem Ziel der Verfassungsänderung und gab vor, der Reichstag, der Reichsrat und der Reichspräsident sollten nicht in ihren Befugnissen und Rechten geschmälert werden (Artikel 2 des Entwurfs). Ferner sollte das Ermächtigungsgesetz befristet sein (Artikel 5).

Der von der Reichsregierung angestrebte Machtzuwachs war schrankenlos. Kontrollen waren nicht vorgesehen. 1923 sollten die beiden Ermächtigungsgesetze die junge demokratische Republik stabilisieren. Das nun geplante Gesetz beabsichtigte das Gegenteil: den Umbau des demokratischen Staates zur Diktatur. Diese Absicht, die manche Zeitgenossen schnell durchschauten,[73] wurde zu verschleiern versucht: durch den Titel „Gesetz zur Behebung der Not von Volk und Reich", durch die ausdrückliche Wahrung der Institutionen Reichstag und Reichsrat sowie der Rechte des Reichspräsidenten und schließlich durch die Befristungsvorschrift. Aber wer genauer hinsah und womöglich noch die kaum zehn Jahre zurückliegenden Ermächtigungsgesetze vor Augen hatte, konnte sich durchaus Fragen stellen:

Warum strebte die Reichsregierung nach einem eigenen Gesetzgebungsrecht? Immerhin hatte sie doch eine klare Reichstagsmehrheit hinter sich. Zudem hatten sich die Ermächtigungen rund zehn Jahre zuvor nur auf Verordnungen zu bestimmten Zwecken beschränkt. Und warum wollte die Reichsregierung Hitler auch die Befugnis zum Erlass *verfassungsändernder* Gesetze erhalten? Für eine Bewältigung der Arbeitslosigkeit oder der Staatsverschuldung – also zur „Behebung der Not von Volk und Reich" – war das nicht erforderlich. Warum wurden der Reichstag und der Reichsrat nur als Einrichtungen, nicht aber auch ihre Befugnisse garantiert? Ferner erschien die Befristungsregel unscharf. Was sollte der zweite Befristungsgrund, die Ablösung der „gegenwärtigen" Regierung, bedeuten? Im Kabinett wurden solche Fragen laut der Protokolle nicht diskutiert. Die Reichsregierung billigte den Gesetzentwurf am 20. März 1933. Sie übersandte ihn den Regierungsfraktionen der NSDAP und der DNVP. Diese sollten ihn in den Reichstag einbringen, um Zeit zu sparen. Wenn die Reichsregierung selbst den Gesetzentwurf ins Parlament hätte einbringen wollen, hätte sie laut Weimarer Verfassung zuvor den Reichsrat beteiligen müssen. Dieser „Umweg" konnte nun unterbleiben. Der Reichstag war am Zug.

5. Die Verhandlungen mit dem Zentrum

Für die beabsichtigte Verfassungsänderung war nach Artikel 76 der Weimarer Verfassung erforderlich, dass zwei Drittel der Reichstagsabgeordneten an der Abstimmung teilnahmen und mit Ja stimmten. Die Zweidrittelmehrheit lag, wenn man das Wahlergebnis vom 5. März 1933 zugrunde legte, bei 432 Sitzen. Da die Regierungsfraktionen 341 Abgeordnete stellten, hätten noch 101 weitere Parlamentarier für das Ermächtigungsgesetz stimmen müssen. Um das Risiko einer Ablehnung zu verringern, hatten sich die Nationalsozialisten entschieden, die 81 KPD-Mandate zu ignorieren, sie de facto zu streichen. Ohne die kommunistischen Abgeordneten hatte der Reichstag 566 Sitze. Nahm man diese Zahl als Maßstab, erreichte das Ermächtigungsgesetz die verfassungsändernde Mehrheit, wenn 376 Abgeordnete anwesend waren und für die Zustimmung votierten. Da die Regierungsfraktionen 341 Abgeordnete stellten, mussten mindestens 35 Parlamentarier anderer Parteien überzeugt werden, ebenfalls dem Gesetz zuzustimmen. Die Sozialdemokraten kamen dafür nicht infrage, da sie die Regierung Hitler offen ablehnten. Auch die meisten republikloyalen Parteien des Spektrums von gemäßigt links bis gemäßigt rechts, die man als Mittelparteien bezeichnen kann, kamen als Ansprechpartner der NSDAP nicht in Betracht. Sie hatten nur wenige Mandate errungen. Die BVP hatte ihre Position in Bayern behaupten können, hatte aber wie üblich weniger als 20 Sitze. Hingegen hatte das Zentrum 73 Mandate gewonnen. Daher fassten die Nationalsozialisten das Zentrum als möglichen Partner bei der Abstimmung über das Ermächtigungsgesetz ins Auge und begannen, die Partei zu umwerben.

Das Unterfangen erschien aus mehreren Gründen auf den ersten Blick nicht einfach. Denn Hitler hatte ja – wie schon oben geschildert – nach seiner Ernennung zum Kanzler mit der Zentrumspartei nur zum Schein darüber verhandelt, ob sie seine Regierung im Reichstag tolerieren würde, und nachdem er die Unterredungen rasch beendet hatte der Partei sogar noch öffentlich die Schuld für das Scheitern der Gespräche zugewiesen. Außerdem hatten das Zentrum und auch die BVP die kurz danach erfolgte Reichstagsauflösung als Affront wahrgenommen.

Trotz dieser Erfahrungen mit Hitler, die nur wenige Wochen zurücklagen, blieb die Zentrumsführung gesprächsbereit. Das war nicht selbstverständlich, da die katholische Amtskirche und weite Teile der Mitglieder und Anhänger des Zentrums die NSDAP zumindest bis Ende März 1933 sehr kritisch sahen.[74] Zudem hatte die SA im Wahlkampf im Februar und März 1933 Zentrumspolitiker tätlich angegriffen. Hermann Göring hatte sich nach der Reichstagswahl sogar öffentlich darüber gefreut, dass „die Schlüsselstellung des Zentrums gebrochen" sei.[75] Nach der Reichstagswahl hatte sich der Terror vor den Kommunalwahlen in Preußen am 12. März sogar noch fortgesetzt.

Man hätte daher erwarten können, dass die katholische Partei sich nun endgültig gegen die NSDAP und die neue Regierung stellen würde. Doch weit gefehlt. Trotz aller negativen Erfahrungen mit Hitler war das Zentrum im März 1933 weiterhin offen für Verhandlungen. Dafür gab es mehrere Gründe. Besonders wichtig war das Selbstverständnis der Partei. Sie fühlte sich dem demokratischen und föderalen Rechtsstaat sowie dem Wohlergehen des Gemeinwesens eng verbunden. Sie sah sich traditionell in einer Mittlerrolle, da ihre Anhänger unter dem Dach der gemeinsamen Glaubensüberzeugung ein breites politisches Spektrum abbildeten. Mitglieder der gemäßigt linken katholischen Gewerkschaften, Arbeiter- und Frauenvereine waren ebenso in der Partei vertreten wie konservative Politiker, die einen starken Staat propagierten. In den katholischen Gegenden Ostpreußens, West- und Südwestdeutschlands sowie Schlesiens war das Zentrum eine alle sozialen Schichten umfassende Volkspartei und lag in diesen Gegenden auch bei der Märzwahl vor der NSDAP.[76] Der Parteivorsitzende Ludwig Kaas hatte zudem seit 1932 für eine „Sammlung" aller politischen Kräfte geworben, um die schwere Staats- und Wirtschaftskrise zu überwinden. Außerdem war die Partei durch die Entwicklungen im Februar und März 1933 stark unter Druck geraten: Parteinahe Zeitungen waren immer wieder verboten worden; der Partei angehörende Beamte sahen sich in ihrer beruflichen Stellung bedroht; manche Mitglieder wechselten zur NSDAP. Ferner war es den Nationalsozialisten bei der Reichstagswahl gelungen, in einigen katholischen Gegenden, auch in Bayern, hohe Stimmengewinne zu erzielen. Die BVP-geführte bayerische Landesregierung war nach der Wahl durch die Reichsregierung putschartig abgesetzt worden. Dasselbe hatte sich mit den durch das Zentrum geführten Landesregierungen in Baden und Württemberg ereignet. Das Zentrum war dadurch an keiner Landesregierung mehr beteiligt. Seine Machtbasis war erodiert. Das alles konnte die Zentrumspartei nicht kaltlassen. Überdies hatten die Regierungsparteien NSDAP und DNVP seit der Wahl eine eigene Reichstagsmehrheit hinter sich. Das Zentrum wurde – mit Ausnahme einer Verfassungsänderung – nicht mehr als Partner gebraucht. Es stand zu befürchten, dass die Partei künftig keine Rolle mehr spielen und wieder in die prekäre Außenseiterrolle gedrängt würde, in der sie sich in den Jahren des Bismarck'schen „Kulturkampfs" 1871 bis 1878 befunden hatte.

Durch ihre Gespräche mit der NSDAP hoffte die Parteiführung, die Regierungspolitik im Sinne ihrer Ziele beeinflussen und mäßigen zu können. Verhandlungen mit der NSDAP waren nicht gänzlich neu, wie die Unterredungen kurz nach Hitlers Ernennung und die Gespräche über eine gemeinsame Reichsregierung ab Juni 1932 zeigen. Nach der Reichstagswahl 1933 streckten führende Zentrumspolitiker die Fühler zur NSDAP aus, was in den Reihen der Regierung triumphierend aufgenommen wurde. Auch in der Landespolitik näherte sich das Zentrum den Nationalsozialisten an: Im hessischen Landtag hatten die Zentrumsabgeordneten am 13. März 1933 unseligerweise einem Ermächtigungsgesetz zugestimmt und dem neuen nationalsozialistischen Regierungschef Ferdinand Werner ihre Stimme gegeben.

Konkreter wurden die Gespräche zwischen dem Zentrum und der NSDAP aber erst am 20. März 1933. Die Unterredung war eine erste Positionsbestimmung. Fünf Personen nahmen daran teil: Kaas, Hitler und Frick sowie die Zentrumsabgeordneten Adam Stegerwald, ein ehemaliger Landes- und Reichsminister, und Albert Hackelsberger, ein Industrieller, der über gute Kontakte in die NSDAP verfügte. Hitler verkaufte das Ermächtigungsgesetz als notwendig für die Abwehr einer kommunistischen Gefahr. Er deutete an, den Kampf gegen KPD und SPD fortzusetzen, bis diese am Ende seien. Der Reichstag solle von Zeit zu Zeit tagen; die Substanz der Rechte des Reichspräsidenten sowie des Reichstages und des Reichsrates solle erhalten bleiben.[77] Die Runde kam überein, sich am übernächsten Tag, nach dem ersten Zusammentritt des neu gewählten Reichstages, erneut zu treffen. Ob dem Zentrum bei dem ersten Treffen der Gesetzentwurf vorlag, ist unklar. Wahrscheinlich ist dies aber nicht, da das Kabinett den Entwurf erst nach dem Gespräch Hitlers und Fricks mit den Zentrumsvertretern annahm.

Der Zusammentritt des neu gewählten Reichstages am 21. März 1933

Die *Vossische Zeitung* veröffentlichte den Inhalt des geplanten Ermächtigungsgesetzes mit einigen Erläuterungen in ihrer Morgenausgabe vom 21. März 1933.[78] Im Mittelpunkt des öffentlichen Interesses stand an diesem Tag aber die feierliche Eröffnung des neu gewählten Reichstages.[79] In der Weimarer Republik hatte es dies bislang nicht gegeben: Stets hatten sich die Abgeordneten des neu gewählten Reichstages zu einer ersten Sitzung im Berliner Parlamentsgebäude versammelt und sofort mit der Arbeit begonnen. Am 21. März 1933 nun war der eigentlichen ersten Parlamentssitzung ein Festakt in der Potsdamer Garnisonkirche vorgeschaltet. Der Ort war bewusst gewählt: Der neue Propagandaminister Joseph Goebbels, der am 13. März 1933 ernannt worden war, inszenierte mit dem „Tag von Potsdam" die pompös-kitschige Verbrüderung der angeblichen alten Größe Preußen-Deutschlands und der nun vermeintlich zu erwartenden neuen Größe des Reiches. Zehntausende Zuschauer und paradierende Soldaten bildeten den Hintergrund. Gehisst waren nur die alten kaiserlichen Reichsfarben Schwarz-Weiß-Rot und die Hakenkreuzfahne. Hindenburg hatte die Farben der demokratischen Republik, Schwarz-Rot-Gold, in einem verfassungswidrigen Erlass verbannt.[80] Ostentativ verneigte sich der zivil gekleidete Hitler – als Vertreter der „neuen Zeit" –, als er Hindenburg – dem in Generalfeldmarschallsuniform erschienenen greisen Vertreter der „alten Zeit" – die Hand reichte. Die Reden, die Hitler und Hindenburg in der Garnisonkirche hielten, wurden im Rundfunk übertragen; die Presse berichtete auch mit Bildern von diesem (vermeintlich) erhebenden historischen Ereignis. Die *Vossische Zeitung* stellte zu Recht mit kritischem Unterton fest: „Die moderne Technik gibt den Regierungen heute eine ungeheure Macht über die Geister der Nation, wenn sie von ihren Möglichkeiten Gebrauch zu machen weiß. Und diese Regierung weiß von ihnen Gebrauch zu machen."[81] Die „Potsdamer Rührkomödie"[82] erhöhte bei vielen Menschen und auch bei manchen Abgeordneten die Zustimmung zur neuen „nationalen Regierung".

Am Nachmittag des 21. März 1933 fand dann die reguläre erste Reichstagssitzung nach den Neuwahlen statt. Sie unterschied sich sehr deutlich von der letzten Parlamentssitzung am 9. Dezember 1932. Der Reichstag war ein anderer geworden – äußerlich und innerlich. Das Parlament konnte nicht im ausgebrannten Plenarsaal des Reichstages zusammenkommen und tagte daher in der Krolloper. Der Platz der Republik, an dem beide Gebäude lagen, hatte durch den Polizeipräsidenten von Berlin seinen früheren Namen Königsplatz zurückerhalten. Er sollte an alte Zeiten erinnern und nicht mehr an die Weimarer Republik, die der Regierung verhasst war. Im Sitzungssaal, der in der Krolloper eingerichtet worden war, hing eine große Hakenkreuzfahne. Sie wurde eingerahmt von zwei schwarz-rot-goldenen Fahnen. Reichstagspräsident Göring trug die Uniform eines SA-Obergruppenführers. Die übrigen Nationalsozialisten – auch die Vertreter der Landesregierungen, die auf der Reichsratsbank gegenüber den Abgeordneten Platz nahmen – erschienen in brauner SA- oder schwarzer SS-Uniform. SA- und SS-Leute ohne Abgeordnetenmandat hielten sich an den Rändern des Plenarsaales auf. Als Hitler den Saal betrat, grüßten ihn die Nationalsozialisten mit dem gereckten rechten Arm. Die gewählten kommunistischen Abgeordneten hatte Göring gar nicht erst zur Sitzung geladen. Er behandelte ihre Mandate schlicht als „inexistent“ (ohne dass die Mandate ausdrücklich oder infolge eines Verbots „kassiert“ worden wären.)[83] Den traditionellen Namensaufruf aller Abgeordneten gab es nicht mehr, einen Alterspräsidenten ebenfalls nicht. Außerdem wurde Göring nicht, wie es die Geschäftsordnung vorsah, geheim, sondern durch offenen Zuruf erneut zum Reichstagspräsidenten gewählt. Er erklärte in seiner Ansprache nach der Wiederwahl: „Nun ist Weimar überwunden.“[84]

Hermann Göring leitet als Präsident die erste Sitzung des neu gewählten Reichstages am 21. März 1933. Die Nationalsozialisten heben den gereckten rechten Arm zum „Hitlergruß".

Die Regierung wollte das Ermächtigungsgesetz als erstes Vorhaben der neuen Wahlperiode so schnell wie möglich, „innerhalb von drei Tagen", durch den Reichstag bringen. Diese Absicht hatte Frick, der zugleich Vorsitzender der NSDAP-Fraktion war, den übrigen Reichstagsfraktionen in einer Sitzung des für die Tagesordnung zuständigen Ältestenrates des Reichstages mitgeteilt.[85] Der Reichstag hatte beschlossen, den Gesetzentwurf auf die Tagesordnung der nächsten Sitzung (d. h. der am 23. März 1933) zu nehmen.[86]

Mäßigungsversuche und Versprechungen: das zweite Treffen am 22. März 1933

Am 22. März 1933 kam es zu dem verabredeten zweiten Treffen zwischen Hitler, Frick, Kaas, Stegerwald und Hackelsberger. Die Gespräche dauerten rund zwei Stunden. Das Ermächtigungsgesetz stand bereits auf der Tagesordnung für die Reichstagssitzung des kommenden Tages. Selbst wenn, wie die Presse berichtete, das Zentrum vorgeschlagen haben sollte, über das Gesetz erst am übernächsten Tag abzustimmen: In jedem Fall blieben dem Zentrum wie den anderen Parteien maximal zwei Tage Zeit, sich eine abschließende Meinung zu dem Gesetz zu bilden.[87] Das waren denkbar schlechte Voraussetzungen für eine abgewogene Entscheidung.

Warum drohte das Zentrum nicht mit der Ablehnung des Gesetzes, um mehr Zeit für eine Beratung zu bekommen? Die Antwort ist dieselbe wie auf die Frage, warum das Zentrum überhaupt mit Hitler verhandelte: weil die Parteiführung darauf hoffte, Einfluss auf die Regierungspolitik im Allgemeinen und auf den Inhalt des Ermächtigungsgesetzes im Besonderen nehmen zu können. Daher war sie bereit, über das Gesetz zu verhandeln und auch die baldige Abstimmung darüber stattfinden zu lassen. Doch dieses Zugeständnis verbesserte die eigene Verhandlungsposition nicht etwa, sondern verschlechterte sie. Die frühe Abstimmung setzte die Partei von Beginn der Verhandlungen an unter immensen Zeitdruck, womit sie in die Defensive gedrängt wurde. Erschwerend kam hinzu, dass Kaas ein schwacher Verhandlungsführer war und Hitler den (falschen) Eindruck erweckte, auf das Zentrum gar nicht angewiesen zu sein. Der Reichskanzler betonte in den Gesprächen seinen Willen, sich die angestrebte Ermächtigung auf alle Fälle zu beschaffen. Wenn es kein formelles Ermächtigungsgesetz gebe, werde er den „Weg über den Staatsnotstand" wählen. Die geplanten Maßnahmen würden in jedem Fall durchgeführt.[88] Wie das geschehen sollte, ob durch Notverordnungen des Reichspräsidenten oder auf anderem Wege, geht aus den Quellen nicht hervor. Kaas oder die anderen führenden Zentrumsabgeordneten zweifelten am Willen Hitlers jedenfalls nicht. Sie unterstrichen seine Absicht in den Sitzungen ihrer Fraktionsgremien immer wieder.

Allein die Hoffnung auf Abschwächungen des Gesetzestexts blieb. Doch machte Hitler hier keine wirklichen Zugeständnisse. Er lehnte den Zentrumsvorschlag ab, den Reichspräsidenten stärker zu beteiligen oder einige Bereiche wie die Schulpolitik oder das Verhältnis von Staat und Kirche aus der Ermächtigung auszuklammern. Zugleich achtete er darauf, das Zentrum, dessen Stimmen er ja brauchte, nicht gänzlich zu verprellen. Deswegen beschwichtigte er einige Befürchtungen der katholischen Partei:[89] Die Rechte des Reichspräsidenten würden gewahrt bleiben (wie es auch im Gesetzentwurf stand), so dass Hindenburg ihn jederzeit abberufen könne. Wenn Hindenburg etwas nicht wolle, werde er, Hitler, nachgeben. Damit appellierte der Reichskanzler an die Vorstellung vieler bürgerlicher Politiker, der Reichspräsident sei der letzte Schutz gegen übergriffige Nationalsozialisten. Auch die Sorge des Zentrums, für die Partei besonders bedeutende Felder (Schulpolitik, Verhältnis von Staat und Kirche, Konkordate) könnten leiden, versuchte Hitler zu entkräften: Auf diesen Gebieten wolle er von den Befugnissen nach dem Ermächtigungsgesetz keinen Gebrauch machen (allerdings sei nur das Christentum privilegiert; das Judentum nicht, da es eine Rasse und keine Religion sei). Die Unabsetzbarkeit der Richter solle nicht eingeschränkt werden. Die dem Zentrum angehörenden Beamten hätten bei den geplanten Zwangsmaßnahmen nichts zu befürchten. „Länderwahlen und Reichstagswahlen“ würden „gleichgeschaltet“, die Länder aber nicht angetastet. Es sei beabsichtigt, den Reichstag jedes Jahr einige Male zusammentreten zu lassen. Man wolle ihn nicht ausschalten, solange er der Regierung keine Schwierigkeiten mache. Eine neue Verfassung, so Hitler, strebe er nicht an. Für eventuelle Änderungen solle der normale Gesetzgebungsweg gewählt werden.

Indessen sah der Entwurf des Ermächtigungsgesetzes Verfassungsänderungen vor. Auch die Ankündigungen zur künftigen Rolle des Reichstages waren mit der Weimarer Verfassung unvereinbar. Diese Fragen scheinen aber nicht thematisiert worden zu sein. Hitler machte den Zentrumsvertretern nur zwei geringe Zugeständnisse. Er zeigte sich – zum Schein[90] – aufgeschlossen gegenüber dem Vorschlag, ein Gremium mit Beteiligung des Zentrums einzurichten, das über die Maßnahmen, die aufgrund des Ermächtigungsgesetzes getroffen wurden, fortlaufend unterrichtet werden sollte.[91] Außerdem versprach er, Reichsinnenminister Frick werde dem Zentrum eine Regierungserklärung übergeben, die die künftige Regierungspolitik wiedergeben werde.[92] Einige Zentrumsabgeordnete, darunter der ehemalige Reichskanzler Heinrich Brüning, der ehemalige Reichsminister Johannes Bell und wohl auch Ludwig Kaas, erstellten noch am Abend einen Forderungskatalog, den sie zügig der Regierung übermittelten.

Verbleibende Zweifel

Hitler konnte die Befürchtungen der Zentrumpartei nicht vollends ausräumen. Das zeigen die Sitzungsprotokolle des Fraktionsvorstands und der gesamten Fraktion. Alle Abgeordneten waren sich darüber klar, wie weitreichend die Machtbefugnisse waren, die Hitler anstrebte. Alle wussten, was die Nationalsozialisten in den letzten Wochen getan hatten. Einige Reichstagsabgeordnete waren bei Wahlkampfauftritten von Nationalsozialisten körperlich angegriffen worden, etwa Adam Stegerwald, welcher der Verhandlungsdelegation angehörte, am 21. Februar 1933 in Krefeld und der Geistliche Carl Ulitzka, ein Reichstagsabgeordneter, am 9. März 1933 im schlesischen Gleiwitz. Letzterer war sogar für einige Tage in Schutzhaft genommen worden. Die Zentrumsabgeordneten mussten befürchten, dass die Reichsregierung sich notfalls eines – wie auch immer gearteten – Staatsnotstands und massiver Gewalt bedienen würde, um ihre Ziele zu erreichen. Die *Nationalsozialistische Parteikorrespondenz*, ein Pressedienst der NSDAP, hatte öffentlich verlautbart, dass „die Nichtannahme des Ermächtigungsgesetzes eine Kampfansage bedeuten würde, die von der Regierung aufgenommen“ werde.[93] Ein Verbot der Zentrumspartei und eine Unterdrückung der weit gefächerten katholischen Verbandsarbeit standen zu befürchten. Es war nicht zu erwarten, dass der Reichspräsident die Regierung aufhalten würde. Hindenburg hatte ja seine Unterschrift unter die Schubkasten- und unter die Reichstagsbrandverordnung gesetzt und damit den Terror der SA (scheinbar) erlaubt.

Die auch noch unter Zeitdruck zu treffende Entscheidung, wie man sich zum Ermächtigungsgesetz verhalten sollte, war für das Zentrum sehr belastend. Ludwig Kaas hatte gegenüber dem Fraktionsvorstand schon nach seinem ersten Gespräch mit Hitler und Frick am 20. März 1933 erklärt, die Entscheidung sei „schwerer als selbst die über den Versailler Vertrag“.[94] Er hatte eingeräumt, dass die bisherige Arbeitsmethode des Zentrums eingeengt werde. Man müsse mit allen Mitteln danach streben, dass wieder verfassungsrechtliche Grundlagen zur Geltung kämen.[95] Wie das geschehen solle, sagte er nicht. So rang, wie der Abgeordnete Eugen Bolz seiner Frau schrieb, „jeder für sich, mit der Stellungnahme zu dem unerhörten Ermächtigungsgesetz". Der sehr erfahrene Politiker prognostizierte, die Zwangslage werde das Zentrum wohl zu einer Zustimmung bringen.[96]

Das Zentrum war mit seinen Befürchtungen und Zweifeln nicht allein. Sogar einige DNVP-Parlamentarier zeigten sich unzufrieden. Überlegungen der Deutschnationalen, das Gesetz mit einem Änderungsantrag zu „entschärfen", wie Brüning in seinen Memoiren behauptete, gab es aber nicht.[97] In der bayerischen „Schwesterpartei" des Zentrums, der BVP, herrschte eine vergleichbare Stimmung wie im Zentrum. Der neu in den Reichstag gewählte Anton Wiedemann, ein Seifensiedemeister aus Bad Tölz, teilte seiner Frau in einem Brief mit, die Entscheidung über das Ermächtigungsgesetz sei „füglich schwer". Sie bedeute nichts anderes „als sein Todesurteil selbst unterschreiben". Fest stehe, dass die Machthaber das Heft nicht mehr so schnell aus der Hand geben und alles beseitigen würden, was sich ihnen entgegenstelle.[98] Die fünf Abgeordneten der liberalen und republikloyalen Deutschen Staatspartei waren sich ebenfalls noch uneins, wie sie abstimmen würden. Einer von ihnen, Reinhold Maier, hatte für sich die Entscheidung jedoch schon gefällt. Das Ermächtigungsgesetz sei eine „heikle Sache". Aber man müsse auch „durch dieses Nadelöhr durch und der Staat von Weimar ist begraben".[99] Einige seiner Parteifreunde waren sich nicht so sicher. Über die Folgen des Gesetzes machten sich die Abgeordneten der Mittelparteien jedenfalls keine Illusionen. Sie wussten, welche Macht sie der Regierung zubilligen würden und dass sich der deutsche Staat einschneidend wandeln würde. Die Geschehnisse vor und nach der Reichstagswahl hatten die Richtung gewiesen. Der „Tag von Potsdam“ mag auch manchen Volksvertreter überzeugt haben, eine Zeit neuer deutscher Größe werde anbrechen. Doch ließen sich viele Abgeordnete nicht blenden. Die SPD-Fraktion, aber auch die Zentrumsabgeordneten Eugen Bolz und Joseph Wirth waren der Garnisonkirche von vornherein ferngeblieben.

Ein Tag im März

Wir kehren zum Ausgangspunkt dieses Buches zurück: Am 23. März 1933, 14 Uhr, stand die zweite Sitzung des neu gewählten Reichstages in der Krolloper an.

1. Gespräche innerhalb der Zentrumsfraktion

Am Vormittag vor der Parlamentssitzung kamen die Zentrumsabgeordneten um 11:15 Uhr in ihrem angestammten Fraktionssaal im teilweise noch intakten Reichstagsgebäude zusammen, um sich weiter auf die Sitzung vorzubereiten. Zuvor hatte der Fraktionsvorstand getagt. Der Abgeordnete Hackelsberger hatte von seinem Treffen mit Reichsinnenminister Frick berichtet. Dieser hatte den Willen Hitlers bekräftigt, das Ermächtigungsgesetz in der anstehenden Sitzung verabschieden zu lassen.[1] Der Ältestenrat, der über die Tagesordnung befinden musste, sollte in der Mittagszeit tagen. Er würde, das stand vorher bereits fest, übereinkommen, das Ermächtigungsgesetz abschließend im Plenum zu beraten.

Kaas berichtete der Fraktion von seinen Gesprächen mit Hitler vom Vortag und von dessen inhaltlichen Zusagen zur künftigen Politik und zu einem Informationsgremium, an dem das Zentrum beteiligt sein solle. Der Parteivorsitzende hob erneut die Zwangslage der Fraktion hervor. Sie stand vor der Aufgabe, „die eigene Seele“ zu bewahren und zugleich die unangenehmen Folgen einer Ablehnung des Ermächtigungsgesetzes zu bedenken. Kaas stellte klar, dass die Reichsregierung ihre Pläne auf jeden Fall durchsetzen werde und dass der Reichspräsident und die Deutschnationalen ihr nicht in den Arm fallen würden.[2] Der Parteivorsitzende war zwar – nolens, volens – für die Annahme, lehnte es aber ab, einen Vorschlag zu machen, wie die Fraktion sich zu dem Ermächtigungsgesetz im Reichstag stellen solle.[3]

Das ist einerseits bemerkenswert, weil Kaas als Parteivorsitzender hätte führen und einen Vorschlag machen müssen, zumal er sich ja eine Meinung gebildet hatte. Andererseits war diese Zögerlichkeit Ausdruck seines Charakters, seines Lebensweges, seiner körperlichen Disposition und seiner Stellung innerhalb der Partei. Der aus Trier stammende hohe Geistliche und Kirchenrechtsprofessor hatte den Parteivorsitz 1928 als Außenseiter übernommen und war kein mitreißender Anführer. Ihm fehlten die politische Erfahrung und die nötige Gesundheit, um das Zentrum kraftvoll durch die schwere Zeit zu steuern.[4] Seine Stellung als Vorsitzender war zusätzlich dadurch geschwächt, dass er sich häufig nicht in Berlin, sondern bei seinem engen Bekannten Eugenio Pacelli (dem früheren apostolischen Nuntius in Deutschland und späteren Papst Pius XII.) in Rom aufhielt. Das hatte immer wieder Kritik hervorgerufen.[5] In den entscheidenden Tagen um den 23. März 1933 war Kaas seiner Partei wie schon zuvor keine Stütze. Er war mehr ein Getriebener der politischen Geschehnisse als der Anführer seiner Partei. Auch der Fraktionsvorsitzende Ludwig Perlitius trat kaum in Erscheinung; die Sitzungsprotokolle der Fraktion vermerkten keinen einzigen Redebeitrag. Dafür meldete sich der ehemalige Reichskanzler Heinrich Brüning zu Wort, der ein schwieriges

Verhältnis zu Kaas hatte. Brüning hatte sich wenige Tage zuvor in der Kölner Wohnung eines Zentrumsabgeordneten mit Kaas getroffen. Beide hatten sich lebhaft darüber gestritten, wie sich die Fraktion zum Ermächtigungsgesetz stellen solle. Kaas hatte für die Annahme, Brüning dagegen gesprochen. Kaas soll sogar auf den Tisch geschlagen haben mit den Worten: „Bin denn nun ich der Führer der Partei, oder wer sonst?“[6] Dieser Ausbruch ist bemerkenswert, wenn man bedenkt, dass Kaas sich in den entscheidenden Sitzungen eher zurückhielt. Er zeigt, unter welchem Druck Kaas und die Partei standen.

In der Fraktionssitzung am Vormittag des 23. März 1933 traten die Gegensätze zwischen Kaas und Brüning erneut hervor. Letzterer teilte in einem Redebeitrag zunächst einige Aussagen des Parteivorsitzenden. So unterstrich auch er die Zwangslage seiner Fraktion und Partei. Er sah zutreffend voraus, dass dem Zentrum in jedem Fall schwere Zeiten bevorstanden, und hob hervor, dass die Regierung für ihre Zusagen keinerlei Sicherheiten gegeben habe. Brüning bezeichnete das Ermächtigungsgesetz zu Recht als „das Ungeheuerlichste, was je von einem Parlament gefordert worden wäre“. Er war von Hindenburg enttäuscht. Als Reichskanzler hatte er sich für dessen Wiederwahl als „Garant und Treuhänder der Verfassung“ eingesetzt. Diese Hoffnung enttäuschte Hindenburg nun in dem Moment, in dem „die größten Gefahren für die gesamte Verfassung“ bestanden. Brüning meinte, er könne sich „kaum für ein Ja entscheiden, selbst wenn man anerkenne, daß man eine moralische Verantwortung für eine Zustimmung nicht trage“.[7] Mit seinen kritischen Worten hatte Brüning für alle Zentrumsabgeordneten sichtbar eine Gegenposition zur Meinung der Gruppe um Kaas formuliert. Die Fraktionssitzung wurde unterbrochen und damit die Entscheidung, wie man abstimmen solle, aufgeschoben.

Die Zentrumsabgeordneten begaben sich über den Königsplatz zur Krolloper. Auch 94 der 120 gewählten SPD-Abgeordneten machten sich auf den Weg. Die nicht anwesenden Sozialdemokraten befanden sich in „Schutzhaft“, waren untergetaucht, emigriert oder krankheitsbedingt entschuldigt. Schon einige Tage zuvor hatte die sozialdemokratische Fraktion entschieden, an der Sitzung teilzunehmen und den Gesetzentwurf durch Nein-Stimmen und nicht durch ein Fernbleiben zu dokumentieren.[8]

2. Bedrohliche Sitzungsatmosphäre

Vor der Krolloper hatte sich die zu Beginn beschriebene große Menschenmenge versammelt. Die Stimmung war aufgeheizt. In ihren Erinnerungen schilderten viele ehemalige Reichstagsabgeordnete die Stimmung vor und in der Krolloper. Sie war für diejenigen, die nicht hinter der Regierung standen, bedrohlich. Der ehemalige Reichsinnenminister und preußische Innenminister Carl Severing (SPD) war den Nationalsozialisten durch seinen Widerstand gegen die NSDAP besonders verhasst. Er wurde, obwohl er sich auf seine Abgeordnetenimmunität berief, auf dem Weg zur Sitzung zunächst sogar verhaftet, in das Innenministerium gebracht und wegen angeblicher Straftaten vernommen. Zur Abstimmung wurde er dann aber freigelassen und konnte gerade noch teilnehmen. Er erinnerte sich nach dem Krieg an „die Sprechchöre der SA-Männer, die sich in ihrer Lautstärke gegenseitig überboten. Sie schrien unisono: ‚Wir fordern das Ermächtigungsgesetz – sonst gibt's Zunder!‘ Die Anwesenheit von SA- und SS-Männern in den Gängen und im Sitzungssaal der Krolloper verstärkte den drohenden Ton dieser

Ankündigungen noch um einige Grade."[9] Auch Severings Fraktionskollege Julius Leber wurde vor dem Reichstag verhaftet. Er wurde gefesselt abgeführt und kam bis 1937 nicht mehr frei. Auch von weiteren sozialdemokratischen Abgeordneten sind eindrückliche Schilderungen der einschüchternden Atmosphäre vor und während der Sitzung überliefert. Heinrich Georg Ritzel schrieb: „Den Gang vom Reichstag zur Krolloper, durch das Spalier der Polizei und der mit Armbinden versehenen SA-Hilfspolizei werde ich ebensowenig [sic!] vergessen wie den Aufmarsch von [...] SA- und SS-Leuten rund um die Krolloper mit ihrem Sieg-Heil-Gebrüll, die beleidigenden Zurufe und Drohungen, wenn man erkannt oder mindestens als Hitlergegner eingeschätzt wurde. Im Theatersaal der Krolloper war der letzte Platz besetzt. SA- und SS-Leute lümmelten sich mit der Hand am Revolver in nächster Nähe der einzelnen Sozialdemokraten herum."[10] Josef Felder erinnerte sich: „Kein Wunder, daß die unheimliche Situation in der SPD-Fraktion psychische Belastungen und bei so manchen die Meinung auslöste, in die Krolloper hinüberzugehen, bedeute vielleicht Selbstmord. [...] SA- und SS-Leute betraten in völlig unzulässiger Weise den Raum der Abgeordneten und bildeten einen dichten Kordon um die Sitze der SPD. Ihre gezischten Drohungen und billigen Witze verstummten erst, als Hitler mit seiner programmatischen Rede begann."[11] Auch andere ehemalige Reichstagsabgeordnete der SPD, der liberalen Deutschen Staatspartei und des rechtskonservativen Christlich-Sozialen Volksdiensts erinnerten sich nach dem Ende der NS-Diktatur an die Beleidigungen, mit denen Abgeordnete, die nicht zur NSDAP oder DNVP gehörten, auf dem Weg zur Krolloper bedacht wurden, sowie an die zahlreichen SA- und SS-Leute im Plenarsaal.[12] Reinhold Maier (Deutsche Staatspartei) berichtete, auf jeden oppositionellen Reichstagsabgeordneten seien „je zehn bis an die Zähne bewaffnete SA- und SS-Männer“ gekommen.[13]

Fotos vom 23. März 1933 belegen die genannten Beschreibungen. Sie zeigen SA-Männer, die in die Krolloper marschieren, und solche, die an den Außenwänden des Sitzungssaales stehen und die Abgeordneten „einrahmen“. Sogar Franz von Papen, Hitlers Steigbügelhalter und Vizekanzler, sprach in seinen geschönten Erinnerungen von einem Parlament voller Uniformen und von der die Krolloper umgebenden bewaffneten SA, wobei er zugleich die Bedrohlichkeit der Lage herunterspielte und die Anwesenheit von Uniformierten im Plenarsaal nur „kein erfreuliches Bild“ nannte.[14] Diese auch zur Selbstentschuldigung gedachten grob verharmlosenden Einlassungen des Hitler-Unterstützers sind unzutreffend, wie die zahlreichen, voneinander unabhängig getätigten Äußerungen der demokratischen Abgeordneten belegen. Auch nach der Sitzung sollte die Stimmung für diejenigen, die nicht dem Regierungslager angehörten, bedrohlich bleiben, wovon noch zu berichten sein wird.

SA-Leute rücken am 23. März 1933 in den Reichstag ein.

3. Sitzung im Zeichen des Hakenkreuzes

Im Plenarsaal hing, wie bei der Eröffnung des Parlaments zwei Tage zuvor, eine große Hakenkreuzfahne. In voller Übereinstimmung mit den Drohgebärden seiner Parteigenossen und stolz auf seine eigene Bedeutung nahm Reichstagspräsident Göring unter „Heil"-Rufen seinen Platz über der Rednertribüne ein. Er trug erneut die Uniform eines SA-Obergruppenführers. Auch Hitler, Frick und die übrigen Nationalsozialisten waren wieder in SA- oder SS-Uniform erschienen. Um 14:05 Uhr eröffnete Göring die Sitzung und erinnerte an den Geburtstag des verstorbenen nationalsozialistischen Dichters Dietrich Eckart. Den vorgetragenen Liedvers hörten die nationalsozialistischen und deutschnationalen Abgeordneten stehend an.[15] Erneut wurde deutlich, wie sehr sich der Reichstag verändert hatte. Die Selbstdarstellung der NSDAP und die Betonung ihres Machtanspruchs waren überdeutlich.

Eine Änderung der Geschäftsordnung des Reichstages, welche die beiden Regierungsfraktionen beantragt hatten, war der erste Tagesordnungspunkt der Sitzung. Das Regierungslager befürchtete, die für die geplante Verfassungsänderung erforderliche Zahl von anwesenden Abgeordneten könnte nicht zustande kommen, wenn SPD-Abgeordnete in großer Zahl der Sitzung fernblieben. Einem solchen Verhalten sollte durch folgende Fiktion begegnet werden: Auch abwesende Abgeordnete, die keinen Urlaub erhalten hatten und auch nicht aufgrund einer Krankheit an der Anwesenheit gehindert waren, sollten als anwesend gelten – also auch untergetauchte, geflohene oder sogar verhaftete Abgeordnete. Der Reichstag stimmte ohne Debatte – gegen die Stimmen der SPD-Fraktion – dem Antrag zu und änderte seine Geschäftsordnung entsprechend.[16] Als Nächstes lehnte der Reichstag mehrheitlich, bei Enthaltung des Zentrums, den SPD-Antrag ab, namentlich genannte verhaftete sozialdemokratische Abgeordnete freizulassen.

4. Regierungserklärung: Versprechungen und Drohungen

Der zweite Punkt der Tagesordnung war das Ermächtigungsgesetz. Hitler ging unter erneuten „Heil"-Rufen zum Rednerpult und gab eine Regierungserklärung ab. Für den am 5. März erstmals in den Reichstag gewählten Reichskanzler war es seine erste Parlamentsrede. Bezeichnenderweise trug er dazu eine SA-Uniform. Hitler begann mit der für die NSDAP üblichen pauschalen „Abrechnung" mit der Novemberrevolution von 1918 und der Weimarer Republik. Daraufhin benannte er das Ziel der neuen Regierung, Deutschland zu neuer Größe zu führen. Sodann begann Hitler, das Zentrum zu umwerben. Der französische Botschafter bemerkte: „Seine hochtrabende Rede ist offensichtlich für die Katholiken bestimmt."[17] Der Reichskanzler bekräftigte die dem Zentrum im Vorfeld erteilten Garantien: Seine Regierung sehe in den beiden christlichen Konfessionen wichtigste Faktoren der Erhaltung des Volkstums. Ihre Rechte, auch in Schule und Erziehung, sollten nicht angetastet werden.[18] Die Reichsregierung, so Hitler, die im Christentum die unerschütterlichen Fundamente des sittlichen und moralischen Lebens des Volkes sehe, lege den größten Wert darauf, „die freundschaftlichen Beziehungen zum Heiligen Stuhle weiter zu pflegen und auszugestalten".[19] Damit spielte der Reichskanzler auf eine mögliche völkerrechtliche Vereinbarung mit dem Vatikan an. Er konnte davon ausgehen, dass diese in katholischen Kreisen begrüßt werden würde. Verhandlungen über ein solches Konkordat waren allerdings noch gar nicht geführt worden. Hitler sandte außerdem ein werbendes Signal an das Ausland, als er den Friedenswillen seiner Regierung beschwor. Ein friedfertiger Kanzler für alle Deutschen würde er aber nicht sein. Politische Gegner mussten mit Verfolgung rechnen. Das zeigten manche Teile seiner Regierungserklärung sehr deutlich. Hitler kündigte an, der Verantwortliche für den Reichstagsbrand und seine Komplizen sollten öffentlich hingerichtet werden (obwohl gar nicht sicher war, wer den Brand gelegt hatte, und obwohl auf Brandstiftung nicht die Todesstrafe stand), und „Landes- und Volksverrat soll[t]en künftig mit barbarischer Rücksichtslosigkeit ausgebrannt werden".[20]

Hitler gibt vor dem Reichstag am 23. März 1933 die Regierungserklärung zum Ermächtigungsgesetz ab.

Schließlich wandte sich der Reichskanzler dem eigentlichen Anlass seiner Rede zu: dem Ermächtigungsgesetz. Es würde, so Hitler, „dem Sinn der nationalen Erhebung widersprechen und dem beabsichtigten Zweck nicht genügen, wollte die Regierung sich für ihre Maßnahmen von Fall zu Fall die Genehmigung des Reichstags erhandeln und erbitten". Die Regierung werde dabei nicht von der Absicht getrieben, den Reichstag als solchen aufzuheben; im Gegenteil, sie behalte sich auch für die Zukunft vor, ihn von Zeit zu Zeit über ihre Maßnahmen zu unterrichten oder aus bestimmten Gründen, wenn zweckmäßig, auch seine Zustimmung einzuholen.[21] Deutlicher konnte Hitler nicht zeigen, wie sehr sein Kabinett und er die parlamentarische Demokratie verachteten. Absprachen der Regierung mit dem Parlament sind in der Demokratie selbstverständlich. Mit „erhandeln und erbitten" haben sie nichts zu tun, wohl aber mit dem Finden eines für alle erträglichen Kompromisses. Ohnehin hatte die Reichsregierung ja eine Mehrheit hinter sich, die allen Vorhaben ohne Weiteres zugestimmt hätte. Außerdem liegt es im Wesen eines Parlaments, Gesetze zu beschließen – und zwar nicht nur, wenn es „zweckmäßig" erscheint, ihnen zuzustimmen.

Doch Hitler wollte den Reichstag nur noch als machtlose Fassade fortbestehen lassen. Er sollte ab und an tagen und natürlich keineswegs Kritik üben oder die Staatsgeschäfte beeinflussen. Unmittelbar nach diesen deutlich antiparlamentarischen Worten spielte Hitler die Wirkung des Ermächtigungsgesetzes herunter, wohl um besonders die Zentrumsabgeordneten nicht zu verschrecken. Die Regierung werde von dem Gesetz nur insoweit Gebrauch machen, „als es zur Durchführung der lebensnotwendigen Maßnahmen erforderlich" sei. Die Stellung und die Rechte des Reichspräsidenten (den mancher bürgerliche Politiker irrigerweise immer noch als Sicherung gegen Hitler ansah) würden unberührt bleiben; der Bestand der Länder werde nicht beseitigt; die Rechte der Kirchen würden nicht geschmälert.[22] Damit bezog sich Hitler erneut auf seine Versprechungen in den Gesprächen mit dem Zentrum und auf dessen Forderungskatalog. Trotz aller Beschwichtigungen beendete Hitler seine Rede mit einer unverhohlenen Drohung: Die Reichsregierung biete „den Parteien des Reichstags die Möglichkeit einer ruhigen deutschen Entwicklung und einer sich daraus in der Zukunft anbahnenden Verständigung; sie ist aber ebenso entschlossen und bereit, die Bekundung der Ablehnung und damit die Ansage des Widerstands entgegenzunehmen. Mögen Sie, meine Herren, nunmehr selbst die Entscheidung treffen über Frieden oder Krieg."[23] Hitlers Rede wurde von „Heil"-Rufen und lautstarkem Beifall begleitet.

Damit die Fraktionen sich beraten konnten, unterbrach Göring schon nach rund einer Stunde die Sitzung für drei Stunden. Diese Unterbrechung war die „Gegenleistung" dafür, dass das Zentrum im Ältestenrat einer Abstimmung am selben Tage zugestimmt hatte. Vom Platz vor der Krolloper drangen auch während der Pause Sprechchöre nach drinnen: „Wir wollen unbeschränkte Vollmacht, sonst gibt's Scherben!"[24]

5. Die interne Entscheidungsfindung der gemäßigten Parteien

Streit innerhalb der Zentrumspartei

Die Zentrumsabgeordneten begaben sich zur Beratung zurück in ihren Fraktionssitzungssaal im ersten Obergeschoss des Reichstagsgebäudes. Da sich die Fraktion bislang nicht auf eine Linie verständigt hatte, kam es nun zu einer leidenschaftlichen Diskussion, ob man dem Gesetz zustimmen solle. Das Fraktionsprotokoll ist leider sehr kurz. Dafür existieren mehrere Zeitzeugenberichte. Sie vermitteln einen guten Einblick in das Geschehen. Die Fraktion zerfiel in zwei Lager. In einer von Kaas vorgeschlagenen geheimen schriftlichen Probeabstimmung, deren ungefähres Ergebnis sich nur aus Erinnerungen von Zeitzeugen rekonstruieren lässt, votierte die deutliche Mehrheit der 72 Zentrumsabgeordneten um den Parteivorsitzenden Kaas – nämlich 57 – für die Zustimmung.[25] Lediglich neun Abgeordnete um den ehemaligen Reichskanzler Brüning stimmten dagegen; weitere fünf enthielten sich.[26] Der langjährige Abgeordnete Carl Diez fehlte entschuldigt.[27] Die Gruppe der „Dissidenten" umfasste also, wenn man die sich Enthaltenden dazurechnet, gerade einmal 14 von 72 Fraktionsmitgliedern. Das waren nur rund 20 % der Zentrumsabgeordneten.

Warum plädierten Kaas und die Mehrheit der Abgeordneten für eine Zustimmung zum Ermächtigungsgesetz? Die Errichtung einer Diktatur lehnten auch sie ab. Für ihr Einverständnis gab es vielmehr mehrere andere (sicherlich für jedes Fraktionsmitglied unterschiedlich bedeutsame) Gründe: erstens die im Fraktions-

Die Kontrahenten in der Zentrumsfraktion: Ludwig Kaas und Heinrich Brüning

protokoll erwähnte Sorge um den Fortbestand der Zentrumspartei; zweitens das Vertrauen auf Hitlers Versprechungen in der Regierungserklärung und in den Gesprächen mit den Zentrumsvertretern; drittens die Angst, die Regierung werde ihren Machtanspruch gewaltsam durchsetzen; viertens die Hoffnung, an dem versprochenen „nationalen Aufbauwerk" im Sinne des von Kaas propagierten „Sammlungsgedankens" mitzuwirken und die wirtschaftliche und politische Zerrissenheit des Landes zu heilen; und fünftens die Sorge um die eigene berufliche Stellung sowie um das Schicksal der dem Zentrum angehörenden Beamten.[28] Manch ein Abgeordneter mag auch befürchtet haben, er oder jedenfalls die Sozialdemokraten würden bei einem Nein zum Ermächtigungsgesetz nach der Reichstagssitzung gewaltsam attackiert werden.[29]

Das von Hitler in Aussicht gestellte Konkordat mit dem Heiligen Stuhl hatte auf das Abstimmungsverhalten des Zentrums keinen Einfluss.[30] Anders lautende Vermutungen, die sich auch auf entsprechende spätere Äußerungen Brünings beziehen, gehen fehl. Zwar wurde das Reichskonkordat bereits am 20. Juli 1933, also recht bald nach der Verabschiedung des Ermächtigungsgesetzes, geschlossen.[31] Aber in den Akten der Reichsregierung und in den Protokollen der Zentrumsfraktion wird ein Konkordat gar nicht erwähnt. Hätte Hitler entsprechende Pläne gehabt, hätte er sie sicherlich offensiv genutzt, um das Zentrum auf seine Seite zu ziehen. Allenfalls mag bei manchen Zentrumsabgeordneten die Hoffnung auf ein Konkordat durch die Regierungserklärung geweckt worden sein. Nachweisbar ist das aber nicht. Welche Hoffnungen sich Kaas persönlich machte, muss Spekulation bleiben.

An die Probeabstimmung schloss sich eine längere Aussprache an. Aus den Berichten der Zeitzeugen geht hervor, dass die unterschiedlichen Positionen diskutiert wurden. Als Hauptwortführer der Abgeordneten, die eine Zustimmung zum Ermächtigungsgesetz ablehnten (und in der Probeabstimmung dagegen gestimmt oder sich enthalten hatten), traten die ehemaligen Reichskanzler Heinrich Brüning und Joseph Wirth auf. Beide galten als Gegner der NSDAP. Brüning hatte 1932 als Reichskanzler die erneute Präsidentschaftskandidatur Hindenburgs unterstützt, um Hitler zu verhindern. Während des Wahlkampfes im Februar und März 1933 hatte er das Kabinett Hitler scharf angegriffen. Wirth hatte sich unter anderem als Reichsinnenminister (1930/1931) gegen die NSDAP gestellt. Die Abgeordneten, die die Position Brünings und Wirths teilten, gehörten verschiedenen Parteiflügeln an.[32] Einer der – wie Brüning – konservativen Gegner des Ermächtigungsgesetzes war Eugen Bolz. Er war am 15. März 1933, also nur wenige Tage zuvor, im Zuge der politischen „Gleichschaltung“ des Landes Württemberg als württembergischer Staatspräsident und Innenminister abgesetzt worden und hatte somit am eigenen Leib erfahren, wie skrupellos die Regierung Hitler und die Nationalsozialisten waren. Zum eher linksgerichteten Teil der Gruppe um Brüning gehörten neben Joseph Wirth der ehemalige Reichsarbeitsminister Adam Stegerwald, der Universitätsprofessor Friedrich Dessauer, der eine führende Rolle im republikanischen Wehrverband Reichsbanner Schwarz-Rot-Gold spielte,[33] die Arbeitervereinsfunktionäre Joseph Joos und Hermann Joseph Schmitt, die sozial- und frauenpolitisch engagierten Helene Weber und Christine Teusch sowie die Gewerkschafter Joseph Ersing, Heinrich Imbusch, Heinrich Fahrenbrach und Jakob Kaiser. Auf der Seite der „Dissidenten" standen auch der Rechtsanwalt Fritz Bockius und der junge Abgeordnete Johannes Schauff, der sich zuvor für die landwirtschaftliche Siedlung in den ostdeutschen Gebieten eingesetzt hatte und von Goebbels als „Siedlungsbolschewist" geschmäht worden war.

In einer leidenschaftlichen Rede sprach sich Joseph Wirth, „ein charismatischer Volkstribun"[34], gegen die Zustimmung aus. Er warnte, dass die Weimarer Verfassung aufgehoben werde, dass alles zerstört und auch die Gewerkschaften aufgelöst würden, und schloss mit der Feststellung, für das Zentrum „sei die Politik aus".[35] Auch Brüning versuchte „bis zum letzten Augenblicke das äußerste", die Abgeordneten zu überzeugen. Er führte Einzelgespräche mit möglichen Unterstützern seiner Position.[36] Doch auch Argumente, Leidenschaft, persönliche Verdienste und reiche politische Erfahrung verhalfen der Minderheitsposition nicht zum Durchbruch. Schließlich fügte sich die Gruppe um Brüning der Fraktionsmehrheit. Das Fraktionsprotokoll vermerkte knapp: „Nach längerer Aussprache über das obige Ergebnis [der Probeabstimmung, P. A.] ergibt sich der allseitige Wille der Fraktion, mit Rücksicht auf die Partei und ihre Zukunft der

Mehrheit der Fraktion zu folgen und für das Ermächtigungsgesetz zu stimmen. Dr. Kaas wird im Namen der Fraktion eine Erklärung abgeben."[37] Wirth verließ weinend den Fraktionssaal und konnte erst durch gutes Zureden seiner ihm nahestehenden Fraktionskollegin Clara Siebert dazu bewegt werden, mit in die Krolloper zu kommen.[38]

Warum aber schloss sich die Gruppe um Brüning schließlich doch der Fraktionsmehrheit an? Ein Grund war die angestammte und über Jahrzehnte geübte Fraktionsdisziplin. Sich in einer Abstimmung, also öffentlich, gegen die eigene Fraktion zu stellen, galt als ehrenrührig. Außerdem sollte wohl eine öffentlich sichtbare Spaltung der Fraktion vermieden werden. Der Fortbestand der Zentrumspartei war allen ihren Mitgliedern sehr wichtig, auch der Gruppe um Brüning. Jedenfalls über ihn weiß man, dass er seinen Widerstand schließlich aufgab und sich der Mehrheit anschloss, weil er hoffte, damit das Überleben seiner Partei zu sichern und die Einheit seiner Fraktion zu wahren.[39] Der Abstimmung fernzubleiben, kam nicht in Betracht, da man dann davon ausgehen musste, dass Göring die abwesenden Abgeordneten nach der Geschäftsordnungsänderung als „anwesend" betrachten würde. Mit dem Beschluss, dem Ermächtigungsgesetz zuzustimmen, endete die Fraktionssitzung um 17 Uhr.

Die Zentrumsabgeordneten waren mit ihren Nöten und Zweifeln nicht allein. Auch andere gemäßigte Fraktionen und Abgeordnete rangen mit der Entscheidung. Zwar waren ihre Stimmen – auch aus Sicht der NSDAP-Führung – für die angestrebte Zweidrittelmehrheit nicht erforderlich. Ihre Entscheidungsfindung soll dennoch kurz dargestellt werden, denn ihre inneren Auseinandersetzungen entsprachen weitgehend denen innerhalb des Zentrums, so dass sie dessen Zwangslage weiter erhellen. Zudem ist es aus heutiger Sicht interessant, was Abgeordnete, die später in der Bundesrepublik erneut politisch tätig waren und die junge westdeutsche Demokratie stärkten (z. B. Theodor Heuss, Reinhold Maier, Hans Ritter von Lex und Wilhelm Simpfendörfer), zur Zustimmung brachte. Des Weiteren standen und stehen die gemäßigten Politiker stellvertretend für das Bürgertum der Weimarer Zeit und seinen Umgang mit der aufkommenden NS-Diktatur.

Die Lage in der BVP-Fraktion

Die Abgeordneten der Bayerischen Volkspartei trafen ebenfalls zusammen. Die Fraktion entschied sich trotz der wie im Zentrum verbreiteten Vorbehalte, dem Ermächtigungsgesetz zuzustimmen. Dafür gab es mehrere Gründe.[40] Erstens war die BVP durch den handstreichartigen Sturz der bayerischen Regierung am 9. März 1933 massiv geschwächt und in ihrem Selbstbewusstsein erschüttert.[41] Denn sie hatte die Regierung seit 1920 angeführt und verstand sich selbst als *die* bayerische Partei und Stimme Bayerns im Reich. Dieser Nimbus und der Widerstandswille gegen die Nationalsozialisten waren nun dahin. Drei der wichtigsten Politiker der BVP zogen sich resigniert zurück und gaben ihrer Partei keine Impulse mehr: Der gesundheitlich sehr angeschlagene gestürzte Ministerpräsident Heinrich Held ging in die Schweiz; die Vorsitzenden der Reichstags- und der Landtagsfraktion, Georg Wohlgemuth und Johann Leicht, behielten zwar ihre Ämter, nahmen aber kaum mehr Einfluss. Zweitens versuchten der Parteivorsitzende Fritz Schäffer und der Abgeordnete Hans Ritter von Lex, die Partei durch Anpassung an den „nationalen" Staat und das vermeintlich anstehende „nationale Aufbauwerk" zu retten, obwohl die BVP die gefährliche

Skrupellosigkeit der Nationalsozialisten erst wenige Tage zuvor am eigenen Leib gespürt hatte. Programmatisch zogen sich die handelnden BVP-Politiker darauf zurück, dass die Partei sich als „national" und „antibolschewistisch" verstehe, der (vermeintlich) legitimen Regierung Gehorsam schulde und die Beachtung christlicher Werte und Kultur anstrebe. Sie knüpften ihre Hoffnungen an Hitlers kirchen- und kulturpolitische Zusicherungen in seiner Regierungserklärung, die bekanntlich auf Forderungen des Zentrums zurückgingen. Drittens dürfte der Umstand, dass ihre katholische „Schwesterpartei", das Zentrum, ebenfalls zuzustimmen gedachte, die Entscheidung der BVP beeinflusst haben.

Diskussionen in der Deutschen Staatspartei

Auch die fünf Abgeordneten der liberalen Deutschen Staatspartei waren sich bis zur Sitzungsunterbrechung am 23. März 1933 nicht einig, wie sie abstimmen sollten. Die Partei war nur noch ein Schatten ihrer selbst. Sie hatte überhaupt nur noch Reichstagsmandate gewinnen können, weil ihre Wahlvorschläge mit SPD-Wahllisten verbunden worden waren. Drei Staatspartei-Abgeordnete plädierten für die Zustimmung. So vertraute Reinhold Maier darauf, die Reichswehr werde bremsend auf die Reichsregierung einwirken. Die Abgeordneten Hermann Dietrich und Theodor Heuss, ein ausgewiesener Gegner der Nationalsozialisten[42], sprachen sich dagegen aus. Heuss meinte im Jahr 1963, er habe „schon damals" (1933) gewusst, dass er „dieses ‚Ja'" nie mehr aus seiner Lebensgeschichte auslöschen könne.[43] Er habe „zwei Erklärungen formuliert, eine für Ablehnung, eine für Enthaltung", und sei bereit gewesen, sie im Plenum abzugeben.[44] Gerne hätte er für das Nein votiert aus reinem historischen Stilgefühl.[45] Die Vermutung liegt aber nahe, dass er tatsächlich nur eine Erklärung für eine Enthaltung formuliert hatte.[46] Wie dem auch sei, Heuss ließ sich umstimmen durch Hermann Dietrich. Dieser war Reichsfinanzminister im Kabinett Brüning gewesen und wollte sein Votum von der Haltung seines früheren Kanzlers abhängig machen, dem er vertraute. Als sich Brüning der Fraktionsmehrheit beugte, stand die Entscheidung auch für Dietrich und Heuss fest.[47] Alle fünf Staatspartei-Abgeordneten entschieden, für das Ermächtigungsgesetz zu stimmen. In einer umständlich formulierten schriftlichen Erklärung der Reichstagsabgeordneten an die Mitglieder der Staatspartei vom 24. März 1933 erklärten sie ihre Zustimmung mit der Erwägung, dass durch die Annahme des Ermächtigungsgesetzes „die Sprengung der Gesetzlichkeit in der zentralen Stelle der Reichsführung vermieden“ worden sei. Auch die Gefahr, dass die „revolutionären Kräfte“ bei einer Ablehnung „in Bewegung gebracht“ worden wären, nannten die Abgeordneten als Zustimmungsgrund. Schließlich sei so die Möglichkeit einer irgendwie gearteten weiteren politischen Betätigung der Partei offengehalten worden.[48]

Die übrigen Kleinparteien

Die Abgeordneten der übrigen im Reichstag vertretenen Kleinparteien – Christlich-Sozialer Volksdienst, Deutsche Bauernpartei und Deutsche Volkspartei (DVP) – hatten sich bereits vor dem Beginn der Plenarsitzung für die Zustimmung entschieden. Der Christlich-Soziale Volksdienst hatte die Ernennung Hitlers (wenn auch nicht Hugenbergs oder Papens) am 30. Januar 1933 begrüßt.[49] Letzte Bedenken gegen das Ermächtigungsgesetz beseitigte offenbar der „Tag von Potsdam“. Die Partei fühlte sich seither als Teil der „nationalen Bewegung“.[50] Der Volksdienst unterstützte das Ermächtigungsgesetz vorbehaltlos – und hob dies nach der Abstimmung auch besonders hervor.[51] Die beiden Abgeordneten der Deutschen Bauernpartei, Anton Fehr und Fritz Kling, hatten sich ebenfalls zur Zustimmung entschlossen. Die rechtsliberale DVP, die Partei des verstorbenen ehemaligen Reichskanzlers und Außenministers Gustav Stresemann, hatte bei der Reichstagswahl ein noch schlechteres Ergebnis erzielt als die Deutsche Staatspartei und der Volksdienst. Ihr gehörten nur noch zwei Abgeordnete an. Die Mitgliederzahlen schwanden rapide. Der Parteivorsitzende Eduard Dingeldey und sein Stellvertreter Otto Hugo stritten über den weiteren Kurs. Während Dingeldey die Partei erhalten wollte, sprach sich Otto Hugo seit der Reichstagswahl für einen sofortigen Anschluss der DVP an die NSDAP aus. Er war der Meinung, Hitlers Machtstellung sei auf absehbare Zeit nicht zu erschüttern.[52] Daher stimmte er dem Ermächtigungsgesetz zu. Dingeldey hielt sich seit Mitte März 1933 in einem Schweizer Sanatorium auf und fehlte krankheitsbedingt.

Die Beratungen der gemäßigten Parteien führten dazu, dass vor der entscheidenden Abstimmung nur noch die 94 SPD-Abgeordneten entschlossen waren, mit Nein zu stimmen. Die übrigen 444 Abgeordneten wollten dem Ermächtigungsgesetz zustimmen.

6. Die Debatte

Göring eröffnete die Sitzung um 18:15 Uhr wieder. Nachdem Hitler als Reichskanzler für das Ermächtigungsgesetz geworben hatte, waren nun die übrigen Parteien mit ihren Stellungnahmen an der Reihe. Nach den parlamentarischen Gepflogenheiten begann die zahlenmäßig stärkste Oppositionsfraktion. Otto Wels, der Fraktionsvorsitzende der SPD, trat ans Rednerpult. Er hatte es zuvor abgelehnt, einem der jüngeren SPD-Abgeordneten diese gefährliche Aufgabe zu überlassen. Auch ignorierte er Warnungen des Zentrumsabgeordneten Dessauer in der Sitzungspause, sich nicht in Gefahr zu bringen.[53] Reinhold Maier sollte Wels' Rede nach dem Zweiten Weltkrieg als „das stärkste demokratische Erlebnis", das ihm jemals beschieden gewesen sei, bezeichnen.[54] Wels begann vorsichtig und begründete dann das geplante Nein seiner Fraktionskollegen. Er bekannte sich zu einer rechtsstaatlichen Demokratie und kritisierte das Vorgehen der Regierung gegen ihre politischen Gegner. Die Regierung behandle ihre Gegner, als seien sie vogelfrei. Berühmt ist sein Ausspruch: „Freiheit und Leben kann man uns nehmen, die Ehre nicht."[55] Die Reichsregierung habe durch ihre Parlamentsmehrheit die Möglichkeit und Pflicht, „streng nach Wortlaut und Sinn der Verfassung zu regieren".[56] Damit spielte Wels darauf an, dass Hitlers Kabinett nach der Reichstagswahl die Mehrheit im Reichstag hinter sich hatte und jederzeit die von ihm gewünschten Gesetzesvorhaben beschließen lassen konnte. Eine eigenständige Gesetzgebungsmacht der Regierung, wie sie das Ermächtigungsgesetz ermöglichen sollte, war daher gar nicht (mehr) nötig, um „durchzuregieren". Otto Wels erkannte zutreffend, dass die Regierung „den Reichstag ausschalten" wollte.[57] Wels endete mit den Worten: „Wir grüßen die Verfolgten und Bedrängten. Wir grüßen unsere Freunde im Reich. Ihre Standhaftigkeit und Treue verdienen Bewunderung. Ihr Bekennermut, ihre ungebrochene Zuversicht verbürgen eine hellere Zukunft."[58] Ein unverkennbarer Hinweis auf die vielen willkürlichen Verhaftungen und Misshandlungen von SPD-Mitgliedern infolge der Reichstagsbrandverordnung. Der Beifall der SPD-Abgeordneten an mehreren Stellen seiner Rede löste, wie sich der Abgeordnete Felder später erinnerte, „Zischen und Zwischenrufe um uns herum aus, während die Nazi-Abgeordneten sich überraschend ruhig verhielten".[59]

Otto Wels, der Fraktionsvorsitzende der SPD im Reichstag

Der Redeinhalt war, wie es bei wichtigen Reichstagsreden üblich war, vorab an die Presse gelangt. Hitler hatte sich darauf einstellen können und auch während der Rede Notizen gemacht. Er antwortete direkt auf Wels, ohne die übliche Anrede des Präsidenten und der Abgeordneten. Die erhaltenen Tondokumente zeigen, wie Hitler in spöttischem Tonfall begann („Spät kommt ihr, doch ihr kommt.") und sich in den für ihn üblichen Furor hineinsteigerte. Während seines Redeschwalls trat der Charakter dieses Reichskanzlers und seiner Gefolgsleute offen zutage:

Die „Rede enthüllte in ihrer ‚bravourösen Roheit' und ihrem ‚rauschhaften Abfertigungsvergnügen', worauf sich Hitler und der Nationalsozialismus stützten: auf Rhetorik und Gewalt".[60] Nun „zeigte er sich in seiner wahren Gestalt: als ein Polemiker, ein die Massen aufstachelnder Volksredner, ein Fanatiker, der keine Gnade kennt".[61] Hitler warf den Sozialdemokraten höhnisch ihre angeblichen Versäumnisse vor. Zugleich stilisierte er seine Partei zum Opfer der früheren Regierungen. Er beschuldigte die Sozialdemokraten, in ihren „ausländischen Zeitungen" gegen die Regierung zu hetzen, und stritt – trotz klarer Sachlage – jegliche Verfolgung der SPD ab: „Wir beherrschen uns, gegen die uns zu wenden, die uns vierzehn Jahre lang gequält und gepeinigt haben. […] Sie sind wehleidig, meine Herren, und nicht für die heutige Zeit bestimmt, wenn Sie jetzt schon von Verfolgungen sprechen. Was ist Ihnen geschehen? Sie sitzen hier, und geduldig hört man Ihren Redner an. Sie reden von Verfolgung. Wer hat Sie denn bisher verfolgt?"[62] Göring, der sich als Reichstagspräsident eigentlich neutral hätte verhalten müssen, unterstützte diese Tirade und bemerkte triumphierend: „Jetzt rechnet der Kanzler ab."[63] Zum Ende seiner Replik warb Hitler erneut um die Zentrumsabgeordneten und weitere bürgerliche Volksvertreter: „Ich möchte denen, die am Ende vielleicht auf anderen Wegen auch mit ihrem Volk empfinden, die Hand reichen […]", was das Zentrum mit einem „Bravo!" erwiderte. Außerdem legte Hitler unverhohlen offen, warum er das Ermächtigungsgesetz benötigte. Seine Regierung appelliere an den Reichstag, „uns zu genehmigen, was wir ohnedem hätten nehmen können. Des Rechts wegen tun wir es – nicht weil wir die Macht überschätzen, sondern weil wir uns am Ende mit denen, die vielleicht heute von uns getrennt sind, aber doch auch an Deutschland glauben, einst vielleicht leichter finden können."[64]

Als SPD-Abgeordnete während Hitlers Rede dazwischenriefen, „zischten" die SA- und SS-Leute im Saal „heftig und murrten: ‚Maul halten!', ‚Landesverräter', ‚Ihr werdet heute noch aufgehenkt [sic]!'"[65]

Die auf Hitler folgenden Redner kündigten an, ihre Fraktionen bzw. Gruppen würden dem Ermächtigungsgesetz zustimmen.[66] Hitlers Ausfälle gegen Wels und die SPD blieben unerwähnt. Gleichwohl wurde deutlich, wie schwer den katholischen und den liberalen Parteien die Zustimmung fiel. Ludwig Kaas, der Parteivorsitzende des Zentrums, erklärte, seine Partei setzte sich „bewußt und aus nationalem Verantwortungsgefühl über alle parteipolitischen und sonstigen Bedenken" hinweg. Sie lasse „selbst solche Bedenken in den Hintergrund treten, die in normalen Zeiten pflichtmäßig und kaum überwindbar wären". Es gehe um „die Fortführung des nationalen Rettungswerkes". Ausdrücklich bezog sich Kaas auf die Zusagen, die Hitler in seiner Regierungserklärung und in den „Vorverhandlungen" gegeben hatte. Dadurch bestehe „die Möglichkeit, eine Reihe wesentlicher Bedenken, welche die zeitliche und die fachliche Ausdehnung des Ermächtigungsbegehrens der Regierung bei uns ausgelöst hatte und auslösen mußte, anders zu beurteilen". Hitler und Papen klatschten zu diesen Ausführungen.

Die BVP-Fraktion schloss sich der Haltung des Zentrums an. Der Fraktionsvorsitzende Johann Leicht hatte sich demonstrativ geweigert, das zustimmende Votum zu begründen. An seiner Stelle sprach der Abgeordnete Hans Ritter von Lex, der hoffte, die BVP könne auch künftig eine Rolle spielen. Seine Rede war kritischer als die seines Vorredners, wohl auf Betreiben Leichts.[67] Lex begründete die Zustimmung seiner Fraktion mit Hitlers Zusagen und verlieh der Hoffnung Ausdruck, dass die Durchführung und die Handhabung des Ermächtigungsgesetzes sich in den Schranken des christlichen Sittengesetzes halten würden. Außerdem benannte er, anders als Kaas, konkrete Kritikpunkte an dem Gesetz, nämlich die fehlende ausdrückliche Sicherung der Rechte der Kirchen und der Länder sowie anderer Rechte.

Auch Reinhold Maier, der für die Deutsche Staatspartei sprach, äußerte Bedenken gegen das Ermächtigungsgesetz. Zwar fühle seine Partei sich „in den großen nationalen Zielen" durchaus der Auffassung verbunden, wie sie von Hitler im Plenum vorgetragen worden sei. Man leugne keineswegs, dass Notzeiten besondere Maßnahmen erforderten, und verstehe, dass die gegenwärtige Reichsregierung weitgehende Vollmachten verlange, um ungestört arbeiten zu können. Dennoch brachte Maier die Sorge seiner Partei zum Ausdruck, dass in dem vorliegenden Gesetzentwurf keine ausdrückliche Sicherung der verfassungsmäßigen Grundrechte des Volkes und der Grundlagen der bürgerlichen Rechtsordnung vorgesehen sei. Unantastbar müssten „vor allem bleiben die Unabhängigkeit der Gerichte, das Berufsbeamtentum und seine Rechte, das selbstbestimmende Koalitionsrecht der Berufe, die staatsbürgerliche Gleichberechtigung, die Freiheit von Kunst und Wissenschaft wie ihrer Lehre". Gerade diese Werte seien durch die Weimarer Verfassung aus der alten deutschen und aus der alten preußischen Staatstradition gerettet worden und dürften nicht gefährdet werden. Allerdings führte seine Argumentation letztlich nicht zur Ablehnung des Ermächtigungsgesetzes. Maier führte aus, seine Partei werde im Interesse von Volk und Vaterland und in der Erwartung einer gesetzmäßigen Entwicklung ihre „ernsten Bedenken zurückstellen und dem Ermächtigungsgesetz zustimmen".

Allein der Abgeordnete Wilhelm Simpfendörfer, der Vorsitzende des kleinen Christlich-Sozialen Volksdiensts, äußerte keine Bedenken. Vielmehr gab er kund, seine Partei unterstütze die innen- und vor allem die außenpolitischen Ziele der Reichsregierung, die Hitler vorgetragen habe. Nach den Rednern der gemäßigten Parteien trat Göring ans Rednerpult. Er attackierte die SPD in einer längeren Rede und versprach Hitler, „unser[em] Führer", die „treue Gefolgschaft" der NSDAP-Fraktion „in blinder Treue bis zum Siege Deutschlands". Damit endete die Debatte. Die Abstimmungen standen an.

7. Die Abstimmungen und ihre Folgen

Zunächst beschloss die Reichstagsmehrheit – gegen die Stimmen der Sozialdemokraten – eine redaktionelle Änderung des Gesetzentwurfes in Artikel 4. Die wegen der Befristungsregel des Artikels 5 überflüssige Formulierung „für die Dauer der Geltung dieses Gesetzes" wurde gestrichen.[68] Anschließend ging das Parlament zur abschließenden Beratung des Gesetzentwurfes über. Zunächst wurde über die fünf Artikel des Ermächtigungsgesetzes – wie es damals üblich war – einzeln abgestimmt. Sodann kam es zur sogenannten Schlussabstimmung über das gesamte Gesetz. Sie erfolgte namentlich: Die Abgeordneten warfen eine Stimmkarte mit dem Aufdruck „Ja", „Nein" oder „Enthaltung" in eine der bereitstehenden Urnen. Das Ermächtigungsgesetz erhielt 444 von 538 abgegebenen Stimmen.[69] Mit Ja stimmten neben der NSDAP und der DNVP die anwesenden Abgeordneten des Zentrums, der BVP, der Deutschen Staatspartei, des Christlich-Sozialen Volksdiensts, der Deutschen Bauernpartei und der Deutschen Volkspartei. Allein die SPD-Abgeordneten lehnten das Ermächtigungsgesetz ab und stimmten mit Nein.

Das Ermächtigungsgesetz erreichte das von der Weimarer Verfassung vorgeschriebene Anwesenheits- und Zustimmungsquorum von zwei Dritteln. Göring sprach bei der Bekanntgabe des Abstimmungsergebnisses davon, die „gesetzliche Mitgliederzahl des Hauses [betrage] 566".[70] Diese Zahl ergibt sich, wenn man die 81 von Göring ignorierten KPD-Mandate von der korrekten gesetzlichen Mitgliederzahl von 647 abzieht. Auch im Protokoll wurden die KPD-Abgeordneten im Abstimmungsergebnis zum Ermächtigungsgesetz nicht aufgeführt. Selbst wenn man die maßgebliche und korrekte Mitgliederzahl (inklusive KPD-Abgeordneten) von 647 zugrunde legte, war die Verfassungsvorgabe erreicht. Folglich war die unterbliebene Einladung der KPD-Abgeordneten bzw. die Verhaftung mehrerer KPD-Abgeordneter ebenso wie die Fiktion der Anwesenheit abwesender Mitglieder durch die Geschäftsordnung ohne Bedeutung: Die beiden Quoren wurden auch so erreicht. Am Schluss der Sitzung sangen die Mitglieder der NSDAP-Fraktion mit erhobenem rechtem Arm das „Deutschlandlied". Um 19:52 Uhr endete die Reichstagssitzung. Der Weimarer Reichstag hatte sich selbst entmachtet. Er existierte bloß als Hülle fort.

Hitler tauschte mit Papen und Außenminister Neurath Glückwünsche aus und verließ die Krolloper. Vor dem Gebäude hielt er eine kurze Ansprache an die Menge und erklärte, mit der Annahme des Ermächtigungsgesetzes sei „die erste Etappe unseres Kampfes" abgeschlossen; nun beginne die Arbeit. Es werde „auch das zweite Ziel des Kampfes gelingen, unserem Volk Freiheit, Größe und Ehre zu bringen".[71] Was dieser „Kampf" für die Opposition bedeutete, hatte sich schon seit Hitlers Ernennung gezeigt. Dass die Regierung mit Andersdenkenden wie bisher umgehen würde, erfuhren Heinrich Brüning, Ludwig Kass und andere Zentrumsabgeordnete, als sie die Krolloper verließen. Sie wurden von Nationalsozialisten beschimpft und bedroht. Brüning erinnerte sich, dass SS-Leute geschrien hätten: „Nieder mit Brüning, schlagt ihn tot!“[72]

Die Weimarer Verfassung schrieb vor, den Reichsrat als Vertretung der Reichsländer an der Gesetzgebung zu beteiligen. Der Reichsrat konnte nach Artikel 74 der Weimarer Verfassung ein vom Reichstag beschlossenes Gesetz durch einen Einspruch jedenfalls für einige Zeit aufhalten. Das galt gemäß Artikel 76 Absatz 2 der Weimarer Verfassung erst recht für verfassungsändernde Gesetze (wie das Ermächtigungsgesetz). Doch machte der Reichsrat von seinem Recht keinen Gebrauch, als er am 23. März 1933 um 20:30 Uhr im Reichsinnenministerium unter dem Vorsitz von Reichsinnenminister Frick zusammenkam. Vielmehr beschloss er einstimmig, von dem Gesetzentwurf des Ermächtigungsgesetzes Kenntnis zu nehmen, ohne Einspruch zu erheben.[73] Der Reichsrat verhielt sich, wie es die Reichsregierung wünschte – weil die Reichsregierung durch die Machtübernahme (Gleichschaltung) in den Ländern politisch das Sagen hatte. Sie bestimmte das Abstimmungsverhalten der Länder im Reichsrat. Der Reichsrat billigte also das Ermächtigungsgesetz und zugleich seine eigene Entmachtung. Auf diese Weise endete ein in negativer Hinsicht denkwürdiger Tag.

8. Das weitere Schicksal der Versprechungen gegenüber dem Zentrum

Am Tag nach der Abstimmung dankte die Zentrumsfraktion Kaas „begeistert“ für „die große, verantwortungsvolle und schwierige Arbeit in den letzten Tagen“. Kaas verlieh seiner Freude über die einheitliche Abstimmung im Plenum Ausdruck. Dadurch sei viel gewonnen und gerettet worden. Der Abgeordnete Hackelsberger teilte mit, der versprochene Brief, eine Bestätigung der Zusagen, die Hitler den Zentrumsvertretern gegeben hatte, sei auf dem Weg.[74] In einer Pressemitteilung gab die Fraktion bekannt, die von Kaas vor dem Reichstag im Namen der Fraktion abgegebene zustimmende Erklärung zum Ermächtigungsgesetz sei getragen „von jenem alten Grundgedanken der Zentrumspartei, Volk und Staat vor chaotischen Entwicklungen zu bewahren und in Zusammenarbeit mit allen aufbauwilligen Teilen des Volkes unser staatliches und gesellschaftliches Leben aus den lebendigen Kräften des christlichen Volkstums zu erneuern. [...] Die im ewigen Wahrheitsgehalt tief verwurzelten Grundsätze des Zentrums können durch keine Umwälzung erschüttert werden."[75] Doch Kaas' und Hackelsbergers Optimismus und die Pressemitteilung beruhten auf falschen Annahmen und Zusicherungen. Es war ein Irrtum, Hitler Glauben zu schenken und zu denken, man könne die politische Arbeit wie gehabt fortsetzen.

In Wahrheit waren Hitlers Zusagen und Versprechungen, die er gegenüber den Zentrumsvertretern und im Reichstagsplenum abgegeben hatte, nichts wert. Er brach sie in der Folgezeit alle. Hitler, den Hugenberg am 24. März 1933 zum Abstimmungserfolg im Kabinett beglückwünschte und der sich darüber „unendlich glücklich" zeigte, hielt nicht einmal das Versprechen vom 22. März 1933, dem Zentrum seine Zusagen zu seiner künftigen Politik und deren Grenzen schriftlich zu geben.[76] Vergebens wartete die Zentrumsführung auf den zugesicherten Brief. Druckmittel, Hitler zur Einhaltung seiner Versprechen zu bringen, hatte das Zentrum nicht. Das von Hitler vermeintlich befürwortete Gremium zur Unterrichtung über die Anwendung des Ermächtigungsgesetzes, an dem das Zentrum beteiligt werden sollte, kam nie zustande. Das einzige und ohnehin unscharf formulierte Versprechen der Regierungserklärung, das Hitler nicht brach (und das die Zustimmung der Zentrumsabgeordneten allenfalls sehr marginal beeinflusste), war die Verbesserung der Beziehungen des Reiches zum Vatikan. Sie wurden durch das Reichskonkordat vom 20. Juli 1933 auf eine neue Grundlage gestellt. Das Zentrum war allerdings zu diesem Zeitpunkt schon Geschichte. Es hatte sich am 5. Juli 1933 aufgelöst.

Die scheinlegale „Ermächtigung“

1. Die offizielle Legalitätsbehauptung

Das Ermächtigungsgesetz wurde am 24. März 1933 im Reichsgesetzblatt verkündet und trat damit zugleich in Kraft.[1] Joseph Goebbels hatte am Vorabend zufrieden in sein Tagebuch geschrieben: „Jetzt sind wir auch verfassungsmäßig die Herren des Reiches.“[2] Das NSDAP-Parteiblatt *Völkischer Beobachter* tönte: „Der Reichstag übergibt Adolf Hitler die Herrschaft.“[3] Die Staatsspitze legte Wert auf die Verfassungsmäßigkeit des Ermächtigungsgesetzes. Wilhelm Frick behauptete noch als Angeklagter während des Nürnberger Prozesses gegenüber dem Gerichtspsychologen Gustave M. Gilbert im April 1946: „Ich wollte alles auf legalem Wege erreichen. Schließlich bin ich ja Jurist.“[4] Offenbar zählte er auch das Ermächtigungsgesetz zu den „legalen Wegen“. Otto Meissner und Lutz Graf Schwerin von Krosigk erklärten auch nach dem Ende der NS-Herrschaft, das Ermächtigungsgesetz sei verfassungskonform gewesen.[5]

Die Behauptung, das Ermächtigungsgesetz sei verfassungsgemäß, wurde bis zum Ende des „Dritten Reiches“ offiziell aufrechterhalten und verbreitet. Alle Juristen, die sich während des NS-Regimes öffentlich äußerten, stützten diese Ansicht. Sie interpretierten das Ermächtigungsgesetz ganz im Sinne der Regierung und der NSDAP: Der Reichstag habe das Gesetz in einem ordnungsgemäßen Verfahren nach Artikel 76 der Weimarer Verfassung beschlossen und damit diese Verfassung geändert.[6] Manche Autoren sahen statt des Reichstagsbeschlusses (oder ergänzend dazu) die grundlegend geänderten politischen Verhältnisse und das nicht näher definierte „Staatsnotrecht" als Grundlage des Gesetzes an.[7]

Einig waren sich die überhaupt noch wahrnehmbaren juristischen Stimmen darin, dass nun die Reichsregierung selbst – vom Entwurf bis zur Verkündung im Reichsgesetzblatt – ein Gesetzgebungsrecht besitze. Das Ermächtigungsgesetz sei inhaltlich unbeschränkt und erfasse alle Gebiete, die gesetzgeberisch geregelt werden könnten.[8] Die Reichsregierung dürfe sogar neues Verfassungsrecht beschließen.[9] Die Gewaltenteilung sei überwunden. Alle Staatsgewalt liege in einer Hand.[10] Die Garantie des Fortbestands des Reichstages und des Reichsrates dürfe nicht zu weit aufgefasst werden, also nicht auf Grundlage des alten Verfassungsrechts.[11] Die Reichsregierung dürfe nun per Gesetz die bisherigen Zuständigkeiten des Reichstages beschränken und auch das Gesetzgebungsrecht entziehen, das Wahlrecht ändern, die Selbstorganisation des Parlaments und die Immunität der Abgeordneten beseitigen sowie das Misstrauensvotum abschaffen.[12] Der noch im April 1933 bei einigen Autoren zu findende Vorbehalt, der Reichstag müsse Volksvertretung und gesetzgebende Körperschaft bleiben, wurde alsbald in der Literatur abgeschwächt.[13] Zunächst wurde vermutet, der Reichstag behalte sein Gesetzgebungsrecht, werde aber fortan kaum mehr bedeutsam sein.[14] Nach einiger Zeit behaupteten Juristen dann, der Reichstag habe nur noch gesetzesberatende Funktion.[15] Auch der Reichsrat, so juristische Autoren schon im Frühjahr 1933, sei wie der Reichstag nicht in seiner bestehenden Gestalt geschützt. Der Föderalismus dürfe ebenfalls beseitigt werden.[16]

Die juristischen Kommentatoren waren sich einig: Die Regierung hing allein an Hitler, der schon früh im Sinne der NS-Diktion als „Führer“ bezeichnet wurde.[17] Artikel 5 des Ermächtigungsgesetzes lege fest, dass es außer Kraft trat, wenn die „gegenwärtige“ Regierung abgelöst würde. Wechsele der Kanzler, so die juristische Literatur, bestehe die „gegenwärtige“ Regierung nicht mehr.[18] Nur dann trete das Ermächtigungsgesetz außer Kraft. Mit fortschreitender Zeit und in Weiterentwicklung dieses Gedankens gingen Staatsrechtler in Ministerien und an Universitäten sogar davon aus, dass die Zuweisung der Gesetzgebungsmacht an die Regierung dem Reichskanzler als „Reichsführer“ übertragen sei. Er sei der eigentliche Gesetzgeber.[19] Die Reichsminister seien lediglich seine „Mitarbeiter“. Entsprechend liefen die Regierungsgeschäfte. Hitler dominierte das Kabinett. Ihm widersprach niemand. Nach wenigen Jahren wurden Regierungsbeschlüsse nur noch im schriftlichen Umlaufverfahren gefasst, d. h. ohne dass eine Kabinettsitzung stattfand. Das Kabinett tagte nicht mehr. Diskussionen gab es allenfalls zwischen verschiedenen Ministerien; die Entscheidung traf dann Hitler bzw. seine Reichskanzlei unter Hans Heinrich Lammers. Schließlich ersetzten immer öfter „Führerbefehle“ oder „Führererlasse“ das Regierungsgesetz.[20]

Das Verhalten weiter Teile der deutschen Juristenzunft belegte (mal wieder und nicht zum letzten Mal) die Wahrheit eines Ausspruchs des französischen Gelehrten Alexis de Tocqueville (1805–1859): „Ich habe bei meinen historischen Studien mühelos feststellen können, daß sich in allen zivilisierten Ländern neben einem Despoten, der befiehlt, fast immer ein Rechtsgelehrter findet, der dessen willkürliche Willensakte in eine Ordnung und Übereinstimmung bringt.“ Warum stützten so viele Juristen, auch solche, die nicht im Staatsdienst standen, die

Sichtweise der Regierung? Warum kritisierten sie das Ermächtigungsgesetz nicht? Die Gründe liegen auf der Hand: Zum einen duldete die Regierung keine Opposition mehr. Kritische Stimmen waren daher kaum zwei Monate nach Hitlers Ernennung zum Reichskanzler in der Öffentlichkeit verstummt. Zum anderen hatten viele Juristen, auch an den Hochschulen, der Weimarer Republik kritisch bis ablehnend gegenübergestanden. Sie hatten mit einer antidemokratischen, antiparlamentarischen und antiliberalen Veränderung des Staates geliebäugelt und begrüßt, dass Reichspräsident Hindenburg ab März 1930 Regierungen ernannt, gestützt und auch wieder entlassen hatte, ohne auf den Reichstag und die darin vertretenen Parteien Rücksicht zu nehmen.

Außerdem schien der politische Systemwechsel Karrierechancen zu bieten. Der antidemokratische und illiberale Staatsrechtsprofessor Carl Schmitt, der den Parlamentarismus und die politischen Parteien verachtete, diente sich sehr rasch den Nationalsozialisten an. Er trat im April in die NSDAP ein und stach 1933/1934 in der publizistischen Unterstützung der NS-Herrschaft hervor, was ihm später den Beinamen „Kronjurist des Dritten Reiches“ einbrachte. Niemand sonst publizierte in so rascher Folge so viele Beiträge. Sein Aufsatz zum Ermächtigungsgesetz etwa entstand innerhalb eines Tages nach der Reichstagssitzung.[21] Andere Staatsrechtler wie Otto Koellreuter, Edgar Tatarin-Tarnheyden, Theodor Maunz, Ernst Forsthoff und Ernst Rudolf Huber unterstützten ebenfalls das NS-Regime. Einfluss auf das politische Geschehen bekamen die mutwilligen Staatsrechtler aber nie. Schmitt durfte lediglich an den Beratungen über das Reichsstatthaltergesetz vom April 1933 (das die Länder weitgehend der Reichsregierung unterwarf) teilnehmen und konnte dann innerhalb weniger Wochen eine offiziöse Broschüre dazu veröffentlichen.[22] Das blieb aber eine Ausnahme. Juristen durften das Regierungshandeln allenfalls bejubeln oder im Parteisinne erklären. Mehr als Interpretationsversuche konnten auch sie nicht bieten. Die offizielle politische Linie gab allein die Partei vor. Kritische Professoren, Richter und Verwaltungsbeamte verstummten in der Öffentlichkeit völlig. Entweder waren sie nach dem „Gesetz zur Wiederherstellung des Berufsbeamtentums" vom 7. April 1933 aus dem Dienst entlassen worden, oder sie hielten sich aus Sorge um ihre Stellung in der Öffentlichkeit zurück.[23] Eine unbelastete juristische oder politische Erörterung war nicht mehr möglich. Entweder man schwieg, oder man stimmte öffentlich zu.[24] Ohnehin wären zweifelnde Einlassungen von keinem Verlag und keiner Zeitung oder juristischen Zeitschrift mehr gedruckt worden. Die Fachzeitschriften hatten sich den neuen politischen Verhältnissen umgehend angepasst und wurden im Verlauf des Jahres 1933 ausdrücklich gleichgeschaltet.[25]

2. Das fehlerhafte Gesetzgebungsverfahren

Die offiziellen und halbamtlichen Bekundungen und Behauptungen waren aus juristischer Sicht hanebüchen. Das Ermächtigungsgesetz war nicht verfassungsgemäß zustande gekommen und schon wegen dieses förmlichen Mangels verfassungswidrig. Das Gesetzgebungsverfahren des 23. März 1933 war nämlich nicht ordnungsgemäß.[26]

Bereits die Gültigkeit der Wahl vom 5. März 1933 und damit die verfassungsgemäße Zusammensetzung des Reichstages lässt sich anzweifeln. Immerhin wurde der Wahlkampf oppositioneller Parteien von Seiten oder mit Billigung des Staates massiv behindert und zum Teil sogar verhindert. Allerdings verlief die Stimmabgabe als solche frei, so dass die Wahl als gültig anzusehen ist. Aber selbst wenn man die Gültigkeit der Wahl unterstellt, war der Reichstag am Tag der Beschlussfassung über das Ermächtigungsgesetz (und schon bei seinem ersten Zusammentritt zwei Tage zuvor) nicht ordnungsgemäß zusammengesetzt. Die 81 KPD-Abgeordneten konnten wegen der staatlich organisierten oder geduldeten Verfolgung nicht an den Sitzungen teilzunehmen. Entweder waren sie verhaftet worden, oder sie waren zum Selbstschutz untergetaucht oder ins Ausland geflohen. Sich zu einer Reichstagssitzung zu begeben, obwohl man polizeilich gesucht wurde, wäre für die Kommunisten gesundheits- oder gar lebensbedrohend gewesen. Ohnehin bewertete Göring die Mandate der 81 gewählten KPD-Abgeordneten als „inexistent" und lud die Kommunisten gar nicht zu den Reichstagssitzungen ein. Auch mehrere Sozialdemokraten waren unrechtmäßig inhaftiert worden, so dass sie ebenfalls nicht an den Reichstagssitzungen teilnehmen konnten. Die Verhinderung der Teilnahme durch staatliche oder staatlich gebilligte Maßnahmen sowie durch die Nicht-Einladung verletzte das aktive Wahlrecht derjenigen, die die KPD oder die SPD gewählt hatten. Denn ein Parlament setzt sich (heute wie damals) immer aus *allen* Abgeordneten zusammen. Sie repräsentieren gemeinsam das Wahlvolk (so auch Artikel 20 und 21 der Weimarer Verfassung). Schon die nicht ordnungsgemäße Zusammensetzung stellte einen so tiefgreifenden Verfassungsverstoß dar, dass sie allein alle Abstimmungen des Reichstages in der 8. Wahlperiode ungültig machte – auch diejenige über das Ermächtigungsgesetz.[27]

Manchmal wird die Ansicht geäußert, (auch) wegen der Änderung der Geschäftsordnung am 23. März 1933 sei die Abstimmung über das Ermächtigungsgesetz verfassungswidrig gewesen.[28] Da eine Verfassung im Rang über einer Geschäftsordnung stand (und immer noch steht), war es in der Tat verfassungswidrig, das in Artikel 76 Absatz 1 Satz 2 der Weimarer Verfassung vorgeschriebene Anwesenheitsquorum durch eine Geschäftsordnungsänderung umgehen zu wollen.[29] Allerdings wirkte sich dieser illegale Verfahrenstrick nicht auf den Beschluss zum Ermächtigungsgesetz aus, da 566 Abgeordnete anwesend waren und damit – selbst wenn man eine Mitgliederzahl von 647 (inklusive KPD) zugrunde legt – genug Abgeordnete, um den Vorgaben des Artikels 76 zu genügen.[30] Somit ist die illegale Geschäftsordnungsänderung für die verfassungsrechtliche Beurteilung des Ermächtigungsgesetzes ohne Bedeutung.

Aber ein weiterer Aspekt ist relevant: Gerade die Abgeordneten der Mittelparteien waren in ihrer Entscheidung, wie sie abstimmten, stark eingeschränkt. Die Abstimmungsfreiheit der Abgeordneten als Teil des freien Mandats, wie sie in Artikel 21 der Weimarer Verfassung garantiert war, wurde dadurch verletzt. Die Abstimmung war nicht frei, weil vor der Krolloper und sogar im Plenarsaal eine bedrohliche Atmosphäre herrschte. Von den im Plenarsaal anwesenden, zum Teil bewaffneten SA- und SS-Leuten war schon die Rede. Man muss auch in Rechnung stellen, dass die demokratischen Abgeordneten von den Verhaftungsaktionen und den Gewaltexzessen gegen oppositionelle Politiker wussten. Die SA agierte ja keineswegs im Geheimen, sondern für jedermann sichtbar. Das Wissen um die Verfolgung konnte den Eindruck verstärken, Nein-Stimmen würden Leib und Leben gefährden. Nicht „ihre ehrliche Überzeugung" veranlasste alle Abgeordneten der gemäßigten Parteien, für das Ermächtigungsgesetz zu stimmen.[31] Bei vielen spielte die Angst vor negativen Folgen ihres Abstimmungsverhaltens für sich selbst oder für die SPD-Abgeordneten eine wichtige Rolle. Wenngleich die 94 Sozialdemokraten den großen Mut aufbrachten, gegen das Ermächtigungsgesetz zu stimmen, ändert dies nichts daran, dass die Abstimmungsfreiheit stark eingeschränkt war.[32] Daraus resultierte die Unwirksamkeit der Abstimmung.[33]

Häufig wird die Meinung vertreten, das Ermächtigungsgesetz sei (auch) deswegen verfassungswidrig gewesen, weil der Beschluss des Reichsrates am 23. März 1933, den nach Artikel 76 der Weimarer Verfassung möglichen Einspruch gegen das Ermächtigungsgesetz nicht zu erheben, in verfassungswidriger Weise zustande gekommen sei.[34] Es trifft zu, dass der Reichsrat nicht ordnungsgemäß zusammengesetzt war. Der Reichsrat war in der föderalistischen Ordnung Weimars die Vertretung der Reichsländer. Sie wurden durch Bevollmächtigte der Landesregierungen repräsentiert. Diese Bevollmächtigten mussten für die Landesinteressen eintreten und durften daher nicht durch das Reich, also die Reichsregierung, bestimmt oder gelenkt werden. Der Staatsgerichtshof für das Deutsche Reich hatte am 25. Oktober 1932 geurteilt, dass es verfassungswidrig sei, wenn Reichsorgane (in dem Fall Reichskommissare) das Stimmrecht des preußischen Staatsministeriums (also der Landesregierung) im Reichsrat ausübten.[35]

Diese eindeutige Rechtsprechung hinderte die Regierung Hitler aber nicht, sich am 6. Februar 1933 durch die „Verordnung des Reichspräsidenten zur Herstellung geordneter Regierungsverhältnisse in Preußen“ unter anderem das Stimmrecht im Reichsrat übertragen zu lassen.[36] In den Ländern Bayern, Sachsen, Baden, Lübeck, Schaumburg-Lippe und Bremen setzte die Reichsregierung im März 1933 Reichskommissare ein und griff so auf das Stimmrecht dieser Länder im Reichsrat zu. Als Grundlage wurde der sehr dehnbare Paragraph 2 der Reichstagsbrandverordnung herangezogen. Damit nahm etwa der von der

Reichsregierung eingesetzte kommissarische bayerische Ministerpräsident Franz Ritter von Epp (NSDAP) das Stimmrecht anstelle des gewählten Ministerpräsidenten Heinrich Held (BVP) wahr. Legte man die Weimarer Verfassung und das erwähnte Urteil des Staatsgerichtshofes zugrunde, hätten damit 37 von 66 Stimmen des Reichsrates nicht berücksichtigt werden dürfen – das waren die Stimmen, die dafür votierten, keinen Einspruch gegen das Ermächtigungsgesetz einzulegen.

Somit war der Beschluss des Reichsrates verfassungswidrig. Zwar war er nach der Weimarer Verfassung frei darin, Einspruch einzulegen. Er konnte auf einen Einspruch ohne Weiteres verzichten.[37] Aber das Gremium, das am 23. März 1933 tagte, war nicht der in der Verfassung vorgesehene Reichsrat, sondern ein nach dem Gutdünken der Reichsregierung zusammengesetztes Gremium. Jeder Beschluss, den es fasste, war damit verfassungswidrig und unwirksam. Das Gesetzgebungsverfahren war folglich aus mehreren Gründen fehlerhaft und das Ermächtigungsgesetz formell verfassungswidrig.

3. Verfassungswidriger Inhalt?

Seit langem ist in der Wissenschaft umstritten, ob auch der Inhalt des Ermächtigungsgesetzes gegen die Weimarer Verfassung verstieß. Zutreffend ist, dass die Verfassung an keiner Stelle Inhalte bestimmt hätte, die „veränderungsfest" gewesen wären und nicht hätten abgeschafft oder ersetzt werden dürfen. Die überwiegende Zahl der Staatsrechtslehrer der Weimarer Zeit räumte daher dem verfassungsändernden Gesetzgeber (Reichstag und Reichsrat) das Recht ein, die Verfassung „in allen ihren Teilen und Vorschriften unbeschränkt" zu ändern.[38] Gerhard Anschütz, einer der wenigen überzeugten Demokraten unter den Juraprofessoren dieser Zeit, schrieb, die Verfassung stehe „nicht über der Legislative, sondern zur Disposition derselben".[39] Das einzige Hindernis einer Verfassungsänderung sei – so diese Rechtsauffassung – der besagte Artikel 76 der Weimarer Verfassung. Wenn dessen Anwesenheits- und Mehrheitsvorgaben im Reichstag erfüllt seien, könne die Verfassung in allen Punkten geändert werden. Artikel 76 wurde somit auf ein „neutrales Abänderungsverfahren, das jegliche Umgestaltung zuließ", reduziert.[40] Die Vertreter dieser Lehrmeinung beriefen sich auf die hergebrachte Auslegung des wortgleichen Artikels 78 der Reichsverfassung von 1871.[41] Außerdem konnten sie die Äußerungen in der Weimarer Nationalversammlung, welche die Verfassung beschlossen hatte, anführen. Der liberale Abgeordnete Erich Koch, der Berichterstatter zu diesem Punkt, hatte im Verfassungsausschuss der Nationalversammlung am 15. März 1919 erklärt, Verfassungsänderungen in Grundfragen, wie in der Frage der Republik und des Wahlrechts, dürften nicht durch zufällige Reichstagsmehrheiten entschieden werden, sondern müssten unter Kautelen (Vorbehalt) gestellt werden. Hier rechtfertige sich „eine erschwerte Form der Verfassungsänderung"[42], womit Koch die Anwesenheits- und Mehrheitsvorgaben des Artikels 76 meinte. Seine Äußerungen blieben in der Nationalversammlung unwidersprochen.

Demgegenüber vertraten nur wenige Staatsrechtslehrer die Auffassung, es gebe nicht nur förmliche, sondern auch inhaltliche Grenzen für die Verfassungsänderung.[43] Interessanterweise gehörten die beiden bekannteren unter ihnen zu den Gegnern der Weimarer Republik. Der nationalistische und antidemokratisch eingestellte Staats- und Völkerrechtsprofessor Carl Bilfinger, der in Halle lehrte, meinte, das durch die Nationalversammlung „als das Ergebnis eines politischen Kompromisses“ geschaffene Verfassungssystem besitze „einen Kern integrierender Bestandteile, durch welche die Einheit des Ganzen, im Sinne der Verfassung bedingt“ werde. Daher könne es „*rechtlich* nicht zulässig sein, aus diesem System eine Grundlage herauszubrechen oder fundamental umzugestalten, die anderen Grundlagen aber unberührt stehen zu lassen“. Es widerspreche dem vernünftig ausgelegten Sinn der Weimarer Verfassung, „ihr System durch einseitige Einbrüche und Verstümmelungen dermaßen zu destruieren, daß dem übrigbleibenden Torso die Merkmale eines in sich geschlossenen Verfassungssystems nicht mehr zugesprochen werden können“. Eine Abschaffung lediglich des Reichstages etwa sei unzulässig.[44] Der schon erwähnte Carl Schmitt kritisierte, die herrschende Ansicht nehme der Weimarer Verfassung ihre Substanz und ihren Boden und mache die Verfassungsänderung „zu einem gegenüber jedem Inhalt indifferenten, neutralen Abänderungsverfahren, das namentlich auch der jeweils bestehenden Staatsform gegenüber neutral ist“. Schmitt wies auf die Möglichkeit hin, dass die herrschende Auslegung auch zur Errichtung einer Sowjetrepublik, eines nationalsozialistischen Reiches, einer Monarchie alten Stils etc. führen könne.[45] Die Weimarer Verfassung aber kannte bewusst keinen änderungsfesten Kern. Bemerkenswerterweise ließen Schmitt und Bilfinger ihre frühere Rechtsauffassung schon kurz nach der Ernennung Hitlers unter den Tisch fallen – und vertraten das Gegenteil.

Christoph Gusy hat zu Recht festgestellt: „Ob der Inhalt des Ermächtigungsgesetzes mit der WRV vereinbar war, ist angesichts des damals stark im Fluss befindlichen Meinungsstandes zu den Grenzen der Verfassungsänderung nur schwer zu beantworten.“[46] Je nachdem, welche der hier kurz skizzierten Auslegungsmöglichkeiten der Weimarer Verfassung man bevorzugt, kann man das verfassungsändernde Ermächtigungsgesetz für inhaltlich verfassungskonform halten. Man kann aber ebenso mit guten Gründen davon ausgehen, dass das Ermächtigungsgesetz verfassungswidrig war[47], weil es tief in das Gefüge des Verfassungssystems eingriff: Das Gesetz hob die Gewaltenteilung zwischen der Legislative und der Exekutive auf, indem es auch der Reichsregierung das Gesetzgebungsrecht zuschrieb.[48] Zugleich beeinträchtigte das Gesetz in erheblichem Maße das Demokratieprinzip. Zwar wurde die Reichsregierung durch den vom Volk gewählten Reichspräsidenten ernannt und war bereits damit demokratisch legitimiert. Aber die vom Volk gewählte Volksvertretung, der Reichstag, wurde in seinen Befugnissen dadurch beschnitten, dass nun ein weiterer Gesetzgeber auf den Plan trat; zumal nicht einmal geregelt war, was gelten sollte, wenn sich Gesetze des Reichstages und der Reichsregierung widersprachen. Das Volk wurde auf diese Weise in seiner Macht stark eingeschränkt, durch die Wahl der Abgeordneten mittelbar die Gesetzgebung zu beeinflussen. Insofern spricht viel dafür, auch den Inhalt des Ermächtigungsgesetzes als verfassungswidrig anzusehen.

Nach hergebrachter deutscher Verfassungstradition ist ein verfassungswidriges Gesetz nichtig, also ungültig. Die Weimarer Staatsrechtslehre sah dies fast einhellig genauso.[49] Das Ermächtigungsgesetz hätte somit nicht befolgt werden dürfen. Doch widersprach das dem Willen der politischen Führung, und sie allein entschied, was tatsächlich gelten durfte.

Die tatsächlichen Wirkungen des Ermächtigungsgesetzes

Das Ermächtigungsgesetz war illegal und rechtlich unwirksam. Ungeachtet dessen wirkte es aber tatsächlich in mehrfacher Weise. Das „Gesetz" beerdigte die Weimarer Verfassung, lieferte eine scheinlegale Grundlage für den nationalsozialistischen Staatsumbau und entfaltete durch seine vermeintliche Legalität eine beruhigende Wirkung auf die deutsche Öffentlichkeit.

1. Das Ende der Weimarer Verfassung

Die Weimarer Verfassung „starb" nicht infolge einer Verfassungsänderung. Diese hätte die Verfassung ja weiterbestehen lassen. Die Verfassung wurde auch nicht ausdrücklich durch das Ermächtigungsgesetz aufgehoben. Nein, die erste demokratische deutsche Verfassung wurde durch mehrere legale und illegale Akte sowie durch Drohungen, Verführungen, Unterstützung durch einen Großteil des Volkes und Gewalt politisch zerstört. Genau dies kennzeichnet auch in den Folgejahren das Herrschaftssystem des Nationalsozialismus: Verführung und Gewalt, massenhaftes Mittäter- und Mitläufertum sowie Scheinlegalität.[1] Die Weimarer Verfassung wurde also rein *tatsächlich* abgeschafft. Das Ermächtigungsgesetz stellte den Schlussstein der quasilegalen Machteroberung der Nationalsozialisten in den ersten Monaten des Jahres 1933 dar. Es markiert den *tatsächlichen* Todeszeitpunkt der Weimarer Verfassung.[2] Am 23. März 1933 endete die Weimarer Republik. *Vor* diesem Datum bestanden jedenfalls ihre Staatsorgane noch mit den verfassungsgemäßen Befugnissen, wenngleich die Grundrechte und weite Teile des Rechtsstaates sowie des Föderalismus schon außer Kraft gesetzt waren und staatlich organisierte oder tolerierte Willkür gegen Andersdenkende herrschte. Doch hätten die noch bestehenden Staatsorgane, den Willen des Reichspräsidenten oder der Reichstagsmehrheit vorausgesetzt, jederzeit wieder in Kraft gesetzt werden können. Auch die rechtsstaatswidrige Polizei- und SA-Willkür hätte beendet werden können, wenn es die Regierung denn gewollt hätte.

Natürlich sind das nur theoretische Überlegungen. Für die Bestimmung des Sterbedatums der Weimarer Republik sind sie aber unverzichtbar. *Nach* dem 23. März 1933 war klar, dass die Regierung Hitler keinen institutionellen oder parteipolitischen Widerstand mehr fürchten musste. Eine Opposition fehlte ab diesem Datum ebenso wie ein Ort, an dem sie sich hätte äußern können.

Die Zustimmung aller demokratischen Parteien mit Ausnahme der SPD hatte gezeigt, dass sie die demokratische und rechtsstaatliche Republik aufgegeben hatten. Sie nahmen sich selbst aus dem Spiel. Die demokratischen Staatsorgane Reichstag und Reichsrat waren nur noch Fassade. Der Reichspräsident, auf dem so viele Hoffnungen geruht hatten, brach seinen Amtseid und verhielt sich still im Hintergrund. Eine wirkliche Gewaltenteilung gab es nicht mehr. Da das Parlament keine Rolle mehr spielen sollte, war es Abgeordneten und Parteien nicht mehr möglich, am politischen Geschehen mitbestimmend teilzuhaben. Letztmals am 17. Mai 1933 trat der Reichstag mit Abgeordneten verschiedener Parteien zusammen. Danach nicht mehr. Die meisten Parteien, darunter das Zentrum, die BVP und die Liberalen, lösten sich in den Monaten nach dem Beschluss über das Ermächtigungsgesetz freiwillig auf. Die SPD, die sich dagegen sträubte, wurde im Juni 1933 verboten.

Auch für die Zeitgenossen stand das Ende der Weimarer Verfassung fest. Carl Schmitt konstatierte im Herbst 1933: „Die Weimarer Verfassung gilt nicht mehr."[3] Die Frage, warum die Verfassung und die durch sie begründete Ordnung nicht mehr galten, beantworteten die Staatsrechtler nicht einhellig. Manche sahen die Reichstagswahl vom 5. März 1933 als angebliches Plebiszit[4] oder den Staatsakt in Potsdam vom 21. März 1933 als „erste[n] Verfassungsakt des neuen Reiches"[5] an, die angeblich Legitimationsquellen des Staatsumbaus seien. Die Nationalsozialisten und viele Deutsche, aber auch ausländische Beobachter sprachen in den ersten Monaten nach der Ernennung Hitlers zum Reichskanzler von einer „nationalen" bzw. (später) „nationalsozialistischen Revolution".[6] Diese Revolution sei, so die offizielle Behauptung, legal gewesen.

Das war (und ist) allerdings schon begrifflich gar nicht möglich. Eine „legale Revolution" gibt es nicht.[7] Denn eine Revolution ist der Umsturz der bestehenden verfassungsrechtlichen Verhältnisse mit gewaltsamen Mitteln und in vielen Fällen auch mit scheinlegalen Rechtsakten, die das Geschehen rechtfertigen sollen. Das bedeutet: Entweder ist eine Veränderung legal, dann ist sie keine Revolution. Oder sie ist eine Revolution, dann ist sie illegal. Die Juristen, die die neuen Machtverhältnisse bejahten, zwang dieser Umstand zu argumentativen Klimmzügen. Carl Schmitt sah die Revolution als legitime Grundlage der Veränderungen an und meinte, das Ermächtigungsgesetz sei deren Folge:

nämlich „das nationale Grundgesetz, die provisorische Verfassung der nationalen Revolution“[8]. Damit lieferte er aber keine Antwort. Seine Feststellung war juristisch unsinnig. Wenn die Revolution siegreich gewesen sein sollte, warum bezog sich die Reichsregierung dann auf Artikel 76 der Weimarer Verfassung, der die Bedingungen für eine Verfassungsänderung festlegte? Denn dieser wäre ja – folgte man Schmitts These – als Teil der Weimarer Verfassung obsolet gewesen.

Doch störte sich niemand an offenkundigen Widersprüchen. Vielmehr feierte die gleichgeschaltete Juristenzunft das Ermächtigungsgesetz und darauf aufbauende Gesetze als das „Verfassungsrecht des nationalen Volksstaates“, „nationalsozialistisches Verfassungsrecht“ oder „neue[s] Staatsrecht des Deutschen Reiches“.[9] Manche Autoren nahmen sogar an, einige Bestimmungen der Weimarer Verfassung würden fortgelten, allerdings nur, soweit sie „dem neuen Recht und der ihm zugrunde liegenden Staatsidee“ nicht widersprächen. Sie seien dann „als Verfassungsrecht“ Teil der neuen Staatsordnung.[10] Den Begriff des Verfassungsrechts oder des Staatsrechts verwendeten Autoren auch in den weiteren Jahren des Hitlerstaates. Diese Bezeichnungen dürfen aber nicht täuschen: Im NS-Staat gab es keine Verfassung[11] und kein Staatsrecht. Beides durfte es nach Hitlers Willen auch nicht geben. Er wollte nicht gebunden sein, sondern allein und unumschränkt herrschen. Hoffnungen auf eine „Verfassung des Dritten Reiches“, die Frick und andere NS-Juristen ursprünglich gehegt hatten, blieben unerfüllt. Schon um das Jahr 1935 war die Frage, ob es eine geschriebene, einheitliche nationalsozialistische Verfassung „aus einem Guss“ geben werde, de facto erledigt.[12] Daher sahen NS-Juristen das Sammelsurium an Regierungsgesetzen, wenigen Reichstagsgesetzen, Relikten der Weimarer Verfassung und nationalsozialistischen „Staatsprinzipien“ und Teilen des Parteiprogramms als Verfassungs- bzw. Staatsrecht des NS-Staates an.[13] Tatsächlich gab es *keine* Rechtsgrundlagen des NS-Regimes. Es handelte sich um einen Unrechtsstaat. Öffentliches Recht existierte nicht (mehr).

2. Scheinlegale Grundlage des Staatsumbaus

Die Staatsumwälzung, die zum Untergang der Weimarer Republik und ihrer Verfassung führte, war eine Revolution auf scheinlegaler Grundlage.[14] Das Ermächtigungsgesetz spielte vor allem in den ersten beiden Jahren des „Dritten Reiches“ eine entscheidende Rolle. Es wurde zur vorgeblich legalen Grundlage, zum „Rechtsboden“, für den tiefgreifenden Staatsumbau.[15] Das Ermächtigungsgesetz war damit ein wichtiger Grundstein der gesamten NS-Herrschaft. Die gesamte nationalsozialistische Regierungsgesetzgebung beruhte auf seinem pseudolegalen Fundament.[16] Die Reichsregierung nutzte ihre angebliche Ermächtigung in umfassender Weise. In kurzer Zeit erließ sie viele Gesetze: Allein im Jahr 1933 waren es 218, im Jahr 1934 190 und im Jahr 1935 immer noch 149.[17] Der gleichgeschaltete NS-Reichstag, ein reines Scheinparlament, dem nur noch NSDAP-Mitglieder und ein paar regimetreue parteilose „Abgeordnete“ angehörten, verabschiedete im selben Zeitraum nur drei Gesetze.[18] Kennzeichen der Regierungsgesetzgebung war, dass das gesamte Verfahren vom Entwurf bis zum Beschluss nur regierungsintern ablief.[19] Eine öffentlich nachvollziehbare Diskussion der Gesetzentwürfe, aber auch der Beschlüsse gab es nicht mehr.

Die Reichsregierung gestaltete den deutschen Staat auf dieser Grundlage vom 23. März 1933 bis zum August 1934 tiefgreifend um: Sie schaffte den in der Weimarer Verfassung angelegten Föderalismus ab (Artikel 2, 5, 14–17), indem die Länder per Gesetz politisch gleichgeschaltet wurden[20] und dann durch das Reichsstatthaltergesetz[21] ihren Charakter als eigenständige politische Einheiten (Gliedstaaten des Reiches) verloren. Auch die Befugnisse im Bereich der Justiz wurden ihnen genommen.[22] Zurück blieben bloße Verwaltungseinheiten. Die Beamtenschaft wurde durch das „Gesetz zur Wiederherstellung des Berufsbeamtentums" vom 7. April 1933 gleichgeschaltet. Jüdische und politisch unliebsame Beamte wurden aus dem Dienst entfernt. Die Regierung schaltete Presse und Kultur gleich.[23] Die Immunität der Reichstagsabgeordneten, der durch Artikel 37 der Weimarer Verfassung gewährleistete Schutz vor Strafverfolgung, wurde de facto in die Hände Hermann Görings gelegt.[24] Die Reichsregierung verbot alle Parteien mit Ausnahme der NSDAP[25], die zur Staatspartei aufstieg.[26] Sie sprach sich – argumentativ unterstützt durch Staatsrechtler[27] – selbst das Recht zu, neues Verfassungsrecht zu setzen (und nicht allein – wie es noch im Ermächtigungsgesetz hieß – von der Weimarer Verfassung „abweichen" zu können).[28] Die Reichsregierung löste den Reichsrat auf.[29] Sie „legalisierte" die Ermordung hoher SA-Führer wie Ernst Röhm und anderer missliebiger Personen wie des ehemaligen Kanzlers Kurt von Schleicher.[30] Schließlich verschmolz die Regierung per Gesetz nach dem Tod Hindenburgs die Ämter des Reichspräsidenten und des Reichskanzlers.[31] Die Reichswehr und die Beamtenschaft waren auf Hitler zu vereidigen.[32] Damit war die Machtübernahme der Nationalsozialisten im August 1934 abgeschlossen und der grundlegende Staatsumbau ebenfalls. Danach folgende Maßnahmen änderten am grundsätzlichen Charakter des NS-Staates als Führerdiktatur nichts mehr.

Das Zivil- und das Strafrecht bestanden als Rechtsgebiete zwar fort. Aber auch sie wurden verändert, um nationalsozialistische Vorstellungen von Recht und Strafe, von rechtlichem „Wert und Unwert" sowie der Ausgrenzung jüdischer Menschen durchzusetzen. Die Reichsregierung nutzte auch hierfür den Weg des Regierungsgesetzes, ohne den Reichstag einzubinden. Ein besonders eindrückliches Beispiel ist das „Gesetz über Verhängung und Vollzug der Todesstrafe" vom 29. März 1933.[33] Dieses erste auf dem Ermächtigungsgesetz aufbauende Gesetz ordnete an, Brandstiftungs- und Hochverratsdelikte, die im Zeitraum zwischen dem 31. Januar und dem 28. Februar 1933 begangen worden waren, mit dem Tode (und nicht mehr wie vorher mit Zuchthaus) zu bestrafen. Dahinter steckte die Absicht, den Niederländer Marinus van der Lubbe, welcher der Reichstagsbrandstiftung verdächtigt wurde, und mögliche Mittäter hinzurichten. Das Gesetz ist heute als „lex van der Lubbe" bekannt. Die Reichsregierung wischte mit diesem Gesetz den aus dem römischen Recht übernommenen, von allen Rechtsstaaten bis heute anerkannten Grundsatz „Keine Strafe ohne Gesetz" (lateinisch nulla poena sine lege) beiseite. Dieser war Bestandteil der Weimarer Verfassung gewesen; ihr Artikel 116 lautete: „Eine Handlung kann nur dann mit einer Strafe belegt werden, wenn die Strafbarkeit gesetzlich bestimmt war, bevor die Handlung begangen wurde." Das Gesetz vom 29. März 1933 war damit ein verfassungsänderndes Gesetz im Sinne des Ermächtigungsgesetzes. Wie dieses war es verfassungswidrig.[34]

Immer noch erschreckend ist, dass es gegen dieses Gesetz, das sicher zum Tode eines Verdächtigen führen würde, keinen Widerstand im Kabinett gab. Nur 17 Tage zuvor hatten der Reichsjustizstaatssekretär Franz Schlegelberger und der preußische Finanzminister Johannes Popitz noch Bedenken gegen das

Gesetz wegen des Nulla-poena-Grundsatzes angemeldet.[35] Hindenburg hatte sich geweigert, eine entsprechende Verordnung zu unterzeichnen.[36] Und nun billigte das Kabinett den Gesetzentwurf einhellig.[37] Niemand widersprach. Sogleich fand sich mit Helmut Nicolai ein Jurist bereit, die Abkehr vom Nulla-poena-Grundsatz öffentlich zu rechtfertigen. Er führte in einem Zeitschriftenbeitrag aus, dass römisch-rechtliche Gedanken im nationalsozialistischen Staat nicht gelten dürften und durch ein „deutsches Recht" ersetzt würden. Die Berufung auf angebliche – historisch unhaltbare – germanische Rechtsüberzeugungen und das Ziel, die „Weltpest des Kommunismus" „mit allen Mitteln zu beseitigen", sollten genügen.[38]

Verdächtige rückwirkend härter bestrafen zu können, war ein Bruch mit den bisherigen Verfassungsvorgaben. Der andere Paradigmenwechsel war die Bewertung verurteilter Menschen. Sie wurden als „verbrecherische Schädlinge" angesehen, die „unschädlich" zu machen waren.[39] Dementsprechend zielte das „Gesetz gegen gefährliche Gewohnheitsverbrecher und über Maßregeln der Sicherung und Besserung" vom 24. November 1933 in erster Linie auf die „Unschädlichmachung" und nicht mehr vorrangig auf die Besserung der Täter und ihre Integration in die Gesellschaft nach verbüßter Strafe ab.[40] Liberal-rechtsstaatliche Auffassungen, die in der Weimarer Republik vielfach vertreten worden waren, wurden über Bord geworfen, zulasten aller, die unter das neue Regelwerk fielen. Denn wer „Gewohnheitsverbrecher" war, bestimmte die gleichgeschaltete Justiz. Viele weitere „Gesetze" dieser Art sollten noch folgen, zunächst als Regierungsgesetze, später dann als „Führererlasse".

Das NS-Regime versuchte den Legalitätsanschein des so nützlichen Ermächtigungsgesetzes dadurch aufrechtzuerhalten, dass es das Gesetz dreimal verlängerte.[41] Die ersten beiden Verlängerungen beschloss der Reichstag am 30. Januar 1937 und am 30. Januar 1939.[42] Allerdings handelte es sich hierbei allein um Staatstheater. Der Reichstag war seit den „Reichstagswahlen" am 12. November 1933 nur noch ein selten einberufenes Scheinparlament. Das Verlängerungsschauspiel fand – wie der Beschluss des Ursprungsgesetzes schon 1933 – in der Krolloper statt. Eine Debatte gab es naturgemäß nicht. Es blieb dem NSDAP-Fraktionsvorsitzenden Wilhelm Frick überlassen, die vermeintliche Notwendigkeit zur Verlängerung des Gesetzes zu „begründen". 1937 gab er einen weiteren Vierjahresplan (nach dem von 1933) und 1939 die durch die Reichsregierung einseitig verlängerte Wahlperiode des Reichstages als Grund an. Das Vorgehen war auch deshalb eine Farce, weil zwei Staatsorgane, die das Ursprungsgesetz als solche noch garantiert hatte – der Reichsrat und der Reichspräsident – bereits 1934 abgeschafft worden waren. Im Krieg verzichtete Hitler dann auf die Einberufung des Reichstages und verlängerte die eigene Ermächtigung am 10. Mai 1943 durch einen „Führererlass" auf unbestimmte Zeit. Gleichzeitig tat er – an die gewohnte „Parlamentsbefassung" anknüpfend – kund, sich vorzubehalten, „eine „Bestätigung [...] durch den Großdeutschen Reichstag herbeizuführen". Der Reichstag sollte bis zum Kriegsende nie mehr tagen. Am Ursprungsgedanken, die Regierung werde kraft der vom Reichstag (weiterhin) geänderten Verfassung ermächtigt, selbst Gesetze zu erlassen, hielt Hitler also fest. Der absurd erscheinende Umstand der Selbstermächtigung durch den von ihm dominierten „Reichstag" oder gleich durch sich selbst störte ihn nicht. Er sah sich ohnehin als alleiniger Gesetzgeber und allmächtiger „Führer".

3. Die beruhigende Wirkung eines Gesetzes

Die vermeintliche Legalität des Ermächtigungsgesetzes und der darauf aufbauenden Gesetze erfüllte für die Nationalsozialisten einen überaus wichtigen Zweck.[43] Ob das Ermächtigungsgesetz tatsächlich den Vorgaben der ihnen verhassten Weimarer Verfassung entsprach, interessierte Hitler und seine Gefolgsleute ohnehin nicht. Die Einlassungen der Nationalsozialisten im Kabinett belegen dies. Schon vor 1933 hatten Legalitätsschwüre Hitlers, etwa seine Aussage im Ulmer Reichswehrprozess am 25. September 1930, bloß taktisch-propagandistische Bedeutung.[44] Sie zielten allein nach außen. Auch den deutschnationalen und den rechtskonservativen Regierungsmitgliedern lag wenig bis nichts an der republikanischen Verfassung. Den Nationalsozialisten ging es allein um die psychologisch-politische und nicht um die rechtliche Wirkung des Gesetzes.

Die Reichstagsbrandverordnung und das Ermächtigungsgesetz verfolgten denselben Zweck: Die Regierung Hitler zerstörte den Rechtsstaat sowie die Demokratie – und appellierte zugleich an die Gesetzestreue der nicht-nationalsozialistisch eingestellten bürgerlichen Kreise, von den Deutschnationalen bis zu den linken Liberalen. Diese schätzten das vermeintlich geordnete, gesetzeskonforme Verhalten des Staates. Die Kaiserzeit hatte insofern prägend gewirkt. Gerade in den konservativen und liberalen Kreisen der Staatsbediensteten, der vielen Beamten, der Richter, Staatsanwälte und Professoren, gehörte es zum Pflichtverständnis, sich an „die Gesetze" zu halten. Das Ermächtigungsgesetz „bot den im formalen Denken großgewordenen konservativen Sympathisanten und Mitläufern die Möglichkeit, das Gewissen wie die positivistischen Vorstellungen von Staat und Recht zu befriedigen. […] Das Verwirrspiel war so erfolgreich, weil die Regisseure der Machtergreifung den Übergang vom autoritären Verordnungsregime der ‚nationalen Erhebung' zur revolutionären Diktatur des Nationalsozialismus auf offener Bühne, aber unter der Maske der Legalität und Tradition, inszenierten."[45] Heinrich August Winkler vertritt dieselbe Meinung: „Die Verabschiedung des Gesetzes [...] erleichterte die Errichtung der Diktatur außerordentlich. Der Schein der Legalität förderte den Schein der Legitimität und sicherte dem Regime die Loyalität der Mehrheit, darunter, was besonders wichtig war, der Beamten."[46] Beide Zitate entsprechen dem vorherrschenden und zutreffenden wissenschaftlichen Konsens zur Wirkung des Ermächtigungsgesetzes und auch der Notverordnungen vom Februar 1933.[47] Generell suggerierte das Fortbestehen der staatlichen Einrichtungen und einer Rechtsordnung, die durch die Lektüre des Reichsgesetzblattes oder der Gesetzessammlungen nachgelesen werden konnte, dass alles weiterhin in guter Ordnung sei. Für die Loyalität der Staatsdiener, aber auch vieler anderer Menschen zum NS-Regime war dieser Umstand von großer Bedeutung.[48] Auch die katholische Kirche gab ihre Vorbehalte gegen den Nationalsozialismus wenige Tage nach dem Ermächtigungsgesetz auf. Hitlers Regierungserklärung im Reichstag hatte die Kirchenführer beeindruckt.[49] Von der amtskirchlich-katholischen Seite war somit kein Widerstand mehr zu erwarten.

Ob die Reichstagsbrandverordnung oder das Ermächtigungsgesetz mit der Weimarer Verfassung vereinbar waren, spielte für viele Menschen keine Rolle. Wichtig war, dass die Verordnung und das Gesetz gerade im Jahr 1933, als das NS-Regime noch nicht vollends gefestigt war, auf die öffentlich Bediensteten, welche die Regierungspolitik kritiklos umsetzen sollten, und auf die große Mehrheit des Volkes legal *wirkten*. Wichtig war den

Machthabern, dass ihre Gesetze wegen der vermeintlichen Legalität befolgt wurden. Vornehmlich das Ermächtigungsgesetz leistete der Regierung Hitler gute Dienste. Für „den praktischen Weitergang der nationalsozialistischen Politik" hatte es – entgegen der Behauptung von Theodor Heuss und Reinhold Maier – eine hohe Bedeutung.[50] Das nach dem Ende des „Dritten Reiches" von Tätern und Mitläufern häufig vorgebrachte Argument, man habe ja nur „seine Pflicht getan", findet seinen Ursprung in den scheinbar legalen Rechtsakten der NS-Herrschaft.

Zwar verblasste die legitimierende Wirkung des Ermächtigungsgesetzes mit der Zeit, weil das NS-Regime innen- und außenpolitisch neue Wege fand, sich die Zustimmung zu sichern, z. B. durch den in der Bevölkerung begrüßten Einmarsch ins entmilitarisierte Rheinland, die Eingliederung des Saargebiets und den „Anschluss" des Sudetenlandes und Österreichs an das Deutsche Reich. Hinzu traten (vermeintliche) Erfolge im Kampf gegen die Massenarbeitslosigkeit. Aber die Nationalsozialisten setzten weiterhin auch auf die bewährte Taktik vorgeblicher Legalität. Ausgrenzungen und Verfolgungen aller Art wurden durch Gesetze und Verordnungen bestimmt. Ein bekanntes Beispiel sind die berüchtigten beiden „Nürnberger Rassegesetze" vom 15. September 1935.[51] Hitler ließ die Gesetze sogar von seinem sonst selten zusammengerufenen Schein-Reichstag „beschließen". Damit sollte gegenüber den Deutschen und gegenüber dem Ausland vorgetäuscht werden, das Volk selbst habe die rassistischen Gesetze, die aus Sicht der NS-Ideologie grundlegend waren, durch seine Volksvertretung verabschiedet. Die parlamentarische Kulisse simulierte den angeblichen Volkswillen. Die Legalitätstaktik behielten die Nationalsozialisten bis zum bitteren Ende bei. Obwohl Teile des Reichsgebiets schon besetzt und viele Städte durch Bombenangriffe verwüstet waren, publizierte die Regierung im Reichsgesetzblatt noch am 17. März 1945 eine „Erste Verordnung zur Vereinfachung des Leistungs- und Beitragsrechts".[52] Das war nicht einfach das Ergebnis eines blindlings weiterlaufenden Staatsapparats, sondern suggerierte weiterhin „Normalität" und Siegeszuversicht.

Kehren wir zum Ermächtigungsgesetz zurück: Die Verabschiedung des Ermächtigungsgesetzes war neben dem Erlass der Reichstagsbrandverordnung der bedeutendste scheinlegale Schritt zur Festigung und damit ein Grundstein der NS-Herrschaft. Beide Rechtsakte griffen die wichtigsten Bestandteile der Weimarer Verfassung an. Die Reichstagsbrandverordnung hebelte den Rechtsstaat aus, indem sie die Grundrechte außer Kraft setzte und dem Staat scheinbar einen Freibrief für alle erdenklichen Maßnahmen ausstellte. Zugleich schwächte sie den Föderalismus, indem sie es der Reichsregierung ermöglichte, in den Ländern Reichskommissare einzusetzen. Das Volk war der staatlichen Willkür ausgeliefert. Der permanente Ausnahmezustand wurde bis 1945 zum Regelfall. Das Ermächtigungsgesetz zerstörte die Demokratie und die Gewaltenteilung. Es war die scheinlegale Grundlage der Regierungsgesetze, die den Staatsumbau hin zu einer totalitären Diktatur vorantrieben.

Historische Lehren

Der Alliierte Kontrollrat hob das Ermächtigungsgesetz und anderes NS-Recht durch das Kontrollratsgesetz Nr. 1 am 20. September 1945 förmlich auf.[1] Die Frage, ob das Ermächtigungsgesetz verfassungsgemäß, also legal war, wurde naturgemäß erst nach dem Ende des „Dritten Reiches" gestellt. Juristisch wurden die Abgeordneten, die ihm zugestimmt hatten, nicht belangt. Strafbar war ihr Verhalten nicht. Nur der Landtag von Württemberg-Baden (das 1952 in Baden-Württemberg aufging) untersuchte 1947 – also noch vor der Gründung der Bundesrepublik – „die Stellungnahme von Mitgliedern des Württembergisch-Badischen Landtags in ihrer Eigenschaft als Reichstagsabgeordnete zum Ermächtigungsgesetz am 23. März 1933", „um der Bevölkerung eine objektive Beurteilung der damaligen Sachlage zu ermöglichen".[2] Anlass war ein Leitartikel gewesen, den Franz Karl Maier, Jurist und Mitherausgeber der *Stuttgarter Zeitung*, im November 1946 veröffentlicht hatte.[3] Maier hatte kritisiert, dass Politiker, die als Reichstagsabgeordnete dem Ermächtigungsgesetz zugestimmt hätten, nun wieder höchste politische Ämter bekleideten. Er hatte gefordert, auch solche Personen einem Spruchkammerverfahren im Rahmen der Entnazifizierung zu unterziehen. Der Leitartikel hatte namentlich Wilhelm Simpfendörfer, einen führenden Abgeordneten der nach dem Krieg neu gegründeten CDU, und den Ministerpräsidenten Reinhold Maier (DVP) erwähnt. Die vom Untersuchungsausschuss als Zeugen vernommenen acht ehemaligen Reichstagsabgeordneten, die dem Ermächtigungsgesetz zugestimmt hatten – darunter neben Simpfendörfer und Maier auch Theodor Heuss –, verteidigten ihr Abstimmungsverhalten mal aktiv, mal zurückhaltend. Zwei befragte ehemalige SPD-Reichstagsabgeordnete berichteten darüber, wie sie die Abstimmung und das Verhalten der gemäßigten katholischen oder liberalen Politiker empfunden hatten.

Die Landesregierung von Württemberg-Baden am 16. Dezember 1946 mit dem Ministerpräsidenten Reinhold Maier (DVP, untere Reihe, Vierter von links) und dem Kultusminister Wilhelm Simpfendörfer (CDU, obere Reihe, Zweiter von links)

Der Untersuchungsausschuss führte nicht dazu, dass ein aktiver Politiker seine Karriere beendete.[4] Das lag gar nicht in seiner Macht. Als historisches Dokument sind die Einlassungen aller Zeugen gleichwohl interessant.[5] Sie zeigen, unter welchem Druck die Reichstagssitzung vom 23. März 1933 stattgefunden hatte und welche Motive zur Zustimmung der Mittelparteien geführt hatten. Theodor Heuss, Reinhold Maier und Wilhelm Simpfendörfer mag man ihr Abstimmungsverhalten (aus der sicheren Position der Nachgeborenen) vorwerfen; wenngleich sie zu den Politikern gehörten, die mit ihrem Wirken nach 1945 zum Gelingen der bundesdeutschen Demokratie entscheidend beitrugen.

Auch der Parlamentarische Rat, der in Bonn 1948/1949 das Grundgesetz ausarbeitete, sah das Ermächtigungsgesetz als abschreckendes und warnendes Beispiel an. Dem Gremium gehörten viele Personen an, die bereits zu Weimarer Zeiten politisch tätig gewesen waren. Sehr viele der Mitglieder waren im „Dritten Reich" Repressalien ausgesetzt gewesen. Der Parlamentarische Rat zog – auch wegen dieser Erfahrungen – aus dem Ende der Weimarer Republik mehrere wichtige Lehren. Schon der Verfassungsentwurf, den eine Expertenrunde im August 1948 auf der bayerischen Insel Herrenchiemsee ausgearbeitet hatte und der dem Parlamentarischen Rat als Beratungsgrundlage diente, enthielt eine Regelung, wonach Anträge auf Änderung des Grundgesetzes, durch die die freiheitliche und demokratische Grundordnung beseitigt würde, unzulässig seien (Artikel 108 des Herrenchiemsee-Entwurfs).[6] Damit wurde darauf reagiert, dass das Ermächtigungsgesetz ja gerade die Aufwertung der Regierung zum Gesetzgeber bei gleichzeitiger Entmachtung der Volksvertretung und Aushöhlung der Gewaltenteilung beabsichtigt und faktisch die Weimarer Verfassung beerdigt hatte. Frühere deutsche Verfassungen – nicht nur die Weimarer Verfassung – hatten eine solche Schutzvorschrift für den Verfassungskern nicht gekannt.[7]

Der Parlamentarische Rat verfeinerte in mehreren Sitzungen seiner Ausschüsse die in Artikel 108 des Herrenchiemsee-Entwurfs enthaltene Regelung zum Schutz des Verfassungskerns noch. Das Ergebnis der Beratungen wurde als Artikel 79 Absatz 3 Bestandteil des Grundgesetzes. Dieser lautet: „Eine Änderung dieses Grundgesetzes, durch welche die Gliederung des Bundes in Länder, die grundsätzliche Mitwirkung der Länder bei der Gesetzgebung oder die in den Artikeln 1 und 20 niedergelegten Grundsätze berührt werden, ist unzulässig." Deswegen dürfen die Grundsätze der Menschenwürde (Artikel 1 Absatz 1 GG), der Bindung aller Staatsgewalt an die Grundrechte (Artikel 1 Absatz 3 GG) und der Prinzipien Republik, Demokratie, Bundesstaat, Rechtsstaat und Sozialstaat (Artikel 20 GG) nicht verändert werden. Das heißt, der Föderalismus hat einen ausdrücklichen Schutz erfahren: die grundsätzliche Gliederung Deutschlands in Länder und deren Beteiligung an der Gesetzgebung dürfen nicht verändert werden. Auch alle Grundrechte, die einen Menschenwürdegehalt aufweisen oder mit Demokratie, Rechtsstaat und Sozialstaat in Verbindung stehen, sind in ihrem Kern vor Veränderung geschützt. Die Verfassungen der meisten Bundesländer enthalten eine ähnliche Vorschrift zum Schutz des Verfassungskerns. Selbst wenn sie eine solche nicht kennen, sind der Verfassungsänderung dieselben fundamentalen Grenzen gezogen, die auch für das Grundgesetz gelten (Artikel 28 Absatz 1 GG).

Artikel 79 Absatz 3 des Grundgesetzes, der selbst auch nicht geändert werden darf, wird als „Ewigkeitsklausel" bezeichnet.[8] Die Unabänderbarkeit des Verfassungskerns stabilisiert das Grundgesetz.[9] Ein Gesetz mit dem Inhalt des Ermächtigungsgesetzes wäre damit verfassungswidrig: Die Regierung darf nicht wie 1933 zum Nebengesetzgeber oder de facto zum Alleingesetzgeber gemacht werden. Eine Regelung, wie sie das Ermächtigungsgesetz vorsah, widerspräche dem Grundsatz der Gewaltenteilung (einem Aspekt des Rechtsstaatsprinzips) und dem Demokratieprinzip, wonach die Volksvertretung das Gesetzgebungsrecht besitzt. Auch Notverordnungen kennt das Grundgesetz nicht. Gesetze dürfen außerdem die Grundrechte nicht aufheben. Rechtsakte wie die Schubkasten- oder die Reichstagsbrandverordnung wären grundgesetzwidrig. Ferner kann die Gesetzgebung, auch die zur Änderung der Verfassung, durch das Bundesverfassungsgericht überprüft werden (vor allem im Wege der abstrakten Normenkontrolle).

Dem Parlamentarischen Rat war bewusst, dass durch eine Vorschrift zum Schutz des Verfassungskerns eine gewaltsame Revolution nicht verhindert werden kann.[10] Aber mit der Schutzvorschrift sollte eine „Barriere aufgerichtet werden in dem Willen, einer Revolution die Maske der Legalität zu nehmen". Niemand sollte die Möglichkeit haben, „unter dem Schutz der Scheinlegalität effektiv Revolution zu machen, ohne sich dazu bekennen zu müssen".[11] Ein neues Ermächtigungsgesetz sollte nicht mehr zulässig sein und auch nicht mehr als angeblich legale Grundlage zur Rechtfertigung revolutionärer Schritte und Maßnahmen dienen können.

Natürlich ist die ausgeklügelte Konstruktion einer Verfassung nur *ein* schützender Faktor. Diese Erkenntnis folgt aus dem Ende der Weimarer Republik. Damit eine Verfassung funktionieren kann, muss sie erstens durch gut ausgebildete und verfassungsloyale Polizeikräfte und Verfassungsschutzbehörden geschützt werden. Zweitens – was noch bedeutsamer ist – müssen günstige politische Bedingungen herrschen. Hierfür ist wiederum eine gesunde Wirtschaft erforderlich, die ausreichenden Wohlstand für die Bevölkerung erarbeitet. Schon oft wurde zu Recht darauf hingewiesen, dass unter den Bedingungen, die in der Endphase der Weimarer Republik herrschten, auch eine Vorschrift wie Artikel 79 des Grundgesetzes den nationalsozialistischen Machtausbau nicht hätte aufhalten können, da die außerhalb des Reichstages liegenden Faktoren zu stark waren.[12] In der Weimarer Republik fehlten günstige Rahmenbedingungen. Von Beginn an war die junge Demokratie vielfachen Belastungen ausgesetzt. Sie litt unter den erheblichen Folgen des verlorenen Ersten Weltkrieges: den Reparationszahlungen und den Gebietsverlusten infolge des Versailler Vertrages sowie der in rechten Kreisen populären Dolchstoßlüge, die die ganze Republik als das Werk von Verrätern erscheinen ließ. Im öffentlichen Dienst waren weiterhin zu einem Großteil kaisertreue Beamte, Richter und Soldaten tätig, die die demokratische Republik ablehnten und sich nach der vermeintlichen Größe früherer Tage sehnten. Viele der Amtsträger, die den Staat hätten stützen müssen, lehnten ihn heimlich oder offen ab. Alle Republikfeinde fanden in rechts- oder linksextremen Parteien ihre Heimat. Die demokratischen Parteien waren zumeist noch an ein bestimmtes Milieu gebunden und selten bereit zu den nötigen Kompromissen. Regierungen wechselten häufig. Kein Reichstag vollendete eine volle vierjährige Wahlperiode. In den letzten Jahren kulminierten dann die Probleme, befeuert durch die Weltwirtschaftskrise und das demokratiezerstörende Handeln des Reichspräsidenten Hindenburg und seines Umfelds.[13]

Die Mehrheit der Wählerschaft wandte sich also aus vielerlei Gründen von der parlamentarischen Demokratie und den sie stützenden Parteien ab. Der Reichspräsident und sein Umfeld höhlten gleichzeitig die demokratischen Prozesse weitgehend aus. Sie etablierten ein semi- bis antiparlamentarisches Regierungssystem. Der zu allem entschlossene nationalsozialistische Macht- und Vernichtungswille stieß auf ein politisches System, das ihm nichts mehr entgegenzusetzen hatte. Die republiktreuen

Parteien wagten im Jahr 1933 den Widerstand nicht, weil sie brutal eingeschüchtert wurden, weil ihre Wählerschaft immer kleiner geworden war und weil sie hofften, in den neuen Verhältnissen irgendwie fortbestehen und vielleicht sogar mitwirken zu können. Manche vertrauten auf Reichspräsident Hindenburg, andere darauf, der „braune Spuk" werde schon wieder vorübergehen.

Die weiterhin aktuelle Lehre des „Tages im März" und seiner Folgen lautet daher für die heutige Zeit: Die Demokratie, die Volksherrschaft, wie sie in Artikel 20 Absatz 2 des Grundgesetzes definiert wird, ist immer nur so resistent gegen ihre Feinde, wie sie Unterstützung im Volk erfährt. Ist zumindest die überwiegende Mehrheit des Volkes der Meinung, der Staat funktioniere (auch in ihrem Sinne), befürworten sie ihn. Die Einschätzung des Volkes beruht dabei auch auf der wirtschaftlichen Stärke des Landes und einer ausgewogenen Sozialpolitik, die Schwächere unterstützt. Sie stützt sich außerdem auf fundierte Kenntnisse über die freiheitliche Demokratie und ihre Geschichte. Solche Kenntnisse müssen (noch stärker) in den Schulen und an den Hochschulen vermittelt werden – nicht allein, aber insbesondere an den juristischen Fakultäten.[14] Verlieren der Staat und seine Repräsentanten die Unterstützung der Mehrheit, ist die Verfassung in großer Gefahr, und sei sie rechtlich noch so gut geschützt. Dann kann ein scheinlegales Gesetz genügen, um sie zu beseitigen und um eine vermeintlich rechtmäßige neue Ordnung zu begründen, in der Gesetze nichts weiter sind als schrankenlose Machtmittel, die zu Verbrechen aller Art „ermächtigen".

Anhang

Chronologie der wichtigsten Ereignisse des Jahres 1933

4. Januar 1933	Erstes Treffen zwischen Franz von Papen und Adolf Hitler im Haus des Kölner Bankiers Kurt von Schröder
28. Januar 1933	Reichskanzler Kurt von Schleicher tritt zurück.
30. Januar 1933	Reichspräsident Paul von Hindenburg ernennt Hitler zum Reichskanzler und ernennt auch die übrigen Kabinettsmitglieder.
31. Januar 1933	Hitler bricht die Gespräche mit dem Zentrum über eine Zusammenarbeit ab.
1. Februar 1933	Hindenburg löst den Reichstag auf und setzt Neuwahlen an.
4. Februar 1933	Hindenburg erlässt die „Schubkastenverordnung".
6. Februar 1933	Hindenburg unterstellt Preußen per Verordnung vollständig dem Reich.
22. Februar 1933	Hermann Göring ernennt SA-, SS- und Stahlhelm-Leute zu preußischen Hilfspolizisten.
27. Februar 1933	Reichstagsbrand
28. Februar 1933	Hindenburg erlässt die „Reichstagsbrandverordnung".

5. März 1933	Reichstagswahl
20. März 1933	Erstes Treffen zwischen Hitler, Wilhelm Frick und Zentrumsvertretern
21. März 1933	„Tag von Potsdam“, danach Zusammentritt des neu gewählten Reichstages in der Berliner Krolloper
22. März 1933	Zweites Treffen zwischen Hitler, Frick und Zentrumsvertretern
23. März 1933	Der Reichstag beschließt das „Gesetz zur Behebung der Not von Volk und Reich“ (Ermächtigungsgesetz), der Reichsrat verzichtet auf einen Einspruch.
24. März 1933	Inkrafttreten des Ermächtigungsgesetzes, nachdem Hindenburg es ausgefertigt und im Reichsgesetzblatt verkündet hat
31. März 1933	(Erstes) Gesetz zur Gleichschaltung der Länder mit dem Reich
7. April 1933	Gesetz zur Wiederherstellung des Berufsbeamtentums, Zweites Gesetz zur Gleichschaltung der Länder mit dem Reich (Reichsstatthaltergesetz)
25. April 1933	Ernennung Görings zum Preußischen Ministerpräsidenten
2. Mai 1933	Zerschlagung der Gewerkschaften
23. Juni 1933	Gesetz über die Immunität der Abgeordneten
14. Juli 1933	Gesetz gegen die Neubildung von Parteien
1. Dezember 1933	Gesetz zur Sicherung der Einheit von Partei und Staat

Anmerkungen

Die Vorgeschichte

1 Die Gegenansicht, die von einer illegalen Ernennung ausgeht (z. B. Bracher, Die Auflösung, S. 731; Strenge, S. 24 f.), ist mangels eines ausdrücklichen Verbots in der Verfassung unzutreffend. Die hier vertretene Auffassung passt auch zur herrschenden Weimarer Rechtsansicht, die Verfassung könne in allen ihren Teilen geändert werden, sofern nur die formellen Voraussetzungen aus Artikel 76 der Weimarer Reichsverfassung, kurz WRV, erfüllt seien. Im Übrigen ist sogar unter der Geltung des Grundgesetzes (GG) umstritten, ob der Bundespräsident einen Verfassungs*gegner* zum Kanzler oder Minister ernennen darf bzw. muss. Denn auch in den dortigen Ernennungsvorschriften (Artikel 63, 64 GG) fehlen ausdrückliche Vorgaben. Allerdings kann das Bundesverfassungsgericht verfassungsfeindliche Parteien verbieten (Artikel 21 Absatz 2 und 4 GG). Damit dürfte sich jedenfalls das Problem des Verfassungs*feindes* als Bundeskanzler oder Bundesminister nicht stellen.

2 Seine Ernennung verstieß gegen Artikel 53 WRV, da sie vor der Ernennung des Kanzlers und somit nicht auf dessen Vorschlag geschah.

3 Berliner Tageblatt vom 30. Januar 1933 (Abend-Ausgabe), S. 1.

4 Vorwärts vom 30. Januar 1933 (Abend-Ausgabe), S. 1.

5 Hellsichtig aber Wolff, Es ist erreicht, in: Berliner Tageblatt vom 31. Januar 1933 (Morgen-Ausgabe), S. 1 f., der auf die Gefahren für die Opposition und die freie Presse deutlich hinweist.

6 Reichsgesetzblatt [RGBl.] I, S. 377.

7 Vgl. Müller, S. 36.

8 Eschenburg, Letzten Endes meine ich doch, S. 10.

9 Bracher, Die Auflösung, S. 729; Eschenburg, Vierteljahrshefte für Zeitgeschichte [VfZ] 1 (1953), S. 166.

10 François-Poncet, S. 54 f.

11 Vgl. Poetzsch-Heffter, Jahrbuch des öffentlichen Rechts [JöR] 21 (1933/34), S. 161; inhaltlich ebenso der Vermerk Otto Meissners, des Staatsekretärs im Reichspräsidialamt, zit. in: Hubatsch, S. 338 f.

12 Vgl. Schwerin von Krosigk, S. 147.

13 Vgl. nur Meissner, Das Staatsrecht des Reichs und seiner Länder, S. 165 f.; Grau, in: Anschütz/Thoma, Bd. 2, S. 277 ff.

14 1931 gab es mehr als 40 Notverordnungen und 36 vom Reichstag erlassene Gesetze; 1932 erließ Hindenburg rund sechzig Notverordnungen, der Reichstag aber nur noch fünf (!) Parlamentsgesetze, vgl. Austermann, Der Weimarer Reichstag, S. 210.

15 Vgl. von Kleist-Schmenzin, Politische Studien 10 (1959), S. 92.

16 Vgl. Schwerin von Krosigk, S. 147.

17 Vgl. die Niederschrift, die der Generalleutnant Curt Liebmann zu diesem Treffen angefertigt hat, in: Hürten, Deutsche Geschichte in Quellen und Darstellung, S. 150.

18 Vgl. Thamer, Adolf Hitler, S. 161; Herbert, S. 306 ff.; Wildt, S. 263.

19 Vgl. die Diskussion in der Ministerbesprechung vom 30. Januar 1933, in: Minuth, Akten der Reichskanzlei [AdR], S. 2 f.

20 Vgl. Ritthaler, VfZ 8 (1960), S. 194 f.

21 Ministerbesprechung vom 31. Januar 1933, 16 Uhr, in: AdR, S. 6.

22 Ebd.

23 Hindenburgs Staatssekretär Meissner hat in seinen Erinnerungen, S. 261, behauptet, der Reichspräsident habe gegen die Auflösung keine Bedenken gehabt. Hitler hingegen erzählte später, Hindenburg habe sich stark gesträubt, und erst Meissner habe ihn überzeugen können, den Reichstag aufzulösen, vgl. Picker, S. 328; inhaltlich ähnlich Papens Adjutant von Tschirschky, S. 232.

24 RGBl. I, S. 45.

25 Vgl. seine Äußerungen in der Ministerbesprechung vom 31. Januar 1933, 16 Uhr, in: AdR, S. 5 f.; Morsey, VfZ 9 (1961), S. 194 mit Fn. 153.

26 Vossische Zeitung vom 4. Februar 1933 (Abend-Ausgabe), S. 2, und vom 5. Februar 1933 (Morgen-Ausgabe), S. 1 f. Zu den Reaktionen des Zentrums Morsey, Der Untergang des politischen Katholizismus, S. 92 ff.

27 Näher zu den Verhandlungen Morsey, VfZ 9 (1961), S. 182 ff. Schon nach Brünings Sturz im Jahr 1932 hatten Zentrum und NSDAP über eine gemeinsame Regierungskoalition verhandelt, was aber wegen Hindenburgs Weigerung, Hitler zum Reichskanzler zu erkennen, ergebnislos geblieben war.

28 Vgl. Gruber, S. 16 f.

29 Vgl. Schwend, S. 478; Morsey, Der Untergang des politischen Katholizismus, S. 92.

30 Vgl. die Zeitungsausschnitte in: Eschenhagen, S. 112; Verhandlungen des Reichstags, Bd. 457, Anlagen Nr. 331 bis 338.

31 Dazu Austermann, Der Weimarer Reichstag, S. 217 f.

32 Ebd.

33 Vgl. Ministerbesprechung vom 1. Februar 1933, 11:30 Uhr, in: AdR, S. 9; Ministerbesprechung vom 2. Februar 1933, 18 Uhr, ebd., S. 30.

34 Vgl. Strenge, S. 36 ff.

35 RGBl. I, S. 35.

36 Thamer, Adolf Hitler, S. 167.

37 Sie ist abgedruckt in: Hürten, Deutsche Geschichte in Quellen und Darstellung, S. 151 f.

38 Vgl. Herbert, S. 309; Siemens, S. 196; Wildt, S. 266.

39 Vgl. Wildt, S. 266. Zu den Einzelheiten plastisch Siemens, S. 196 f.

40 Für eine Alleintäterschaft des am 27. Februar 1933 im Reichstagsgebäude verhafteten niederländischen Kommunisten Marinus van der Lubbe z.B. Winkler, Der Weg in die Katastrophe, S. 880; Benz, S. 23; Kellerhoff, passim; Ullrich, S. 468; Wildt, S. 266; zu dieser Ansicht tendiert auch Thamer, Adolf Hitler, S. 168; gegen diese These Hett, passim.

41 RGBl. I, S. 83.

42 Vgl. Müller, S. 55.

43 Vgl. Willoweit/Schlinker, § 39 Rn. 5.

44 Ebenso Bracher, Stufen der Machtergreifung, S. 85; Möller, S. 377; Mai, S. 123; Strenge, S. 44 ff.

45 Vgl. Müller, S. 54.

46 Vgl. Strenge, S. 51 f.

47 Vgl. Willoweit/Schlinker, § 40 Rn. 11.

48 Vgl. Lüdtke, Juristische Wochenschrift [JW] 1933, S. 2241; Strenge, S. 66.

49 Vgl. Neubert, JW 1933, S. 2426 f., der sich gegen eine einschränkende Auslegung wandte, wie sie Lüdtke, JW 1933, S. 2241 f., für richtig gehalten hatte; wie Neubert auch Boehr, JW 1933, S. 2500, der allerdings – wie auch Göring in einem Erlass – auf den insoweit bestehenden Unterschied zwischen der Verordnung vom 4. Februar 1933 und der Reichstagsbrandverordnung hin-

wies. Das Muster für einen Schutzhaftbefehl erklärte, dass eine Beschwerde nicht zulässig sei, vgl. Strenge, S. 67.

50 Unter den Verhafteten war der KPD-Vorsitzende Ernst Thälmann, der von da an bis zu seiner Ermordung im KZ Buchenwald im Jahr 1944 gefangen gehalten wurde. Vgl. auch den Antrag der SPD-Fraktion, Verhandlungen des Reichstags, Bd. 457, S. 15 C und Anlage Nr. 7.

51 So die Auskunft des Amtlichen Preußischen Pressedienstes vom 11. Juli 1933, zitiert nach Strenge, S. 69.

52 Dazu Austermann, Der Weimarer Reichstag, S. 223 f.

53 Eschenburg, Letzten Endes meine ich doch, S. 14.

54 Vgl. Ministerbesprechung vom 30. Januar 1933, in: AdR, S. 2 ff.

55 Vgl. ebd., S. 4.

56 Ermächtigungsgesetz vom 13. Oktober 1923 (RGBl. I, S. 943) und Ermächtigungsgesetz vom 8. Dezember 1923 (RGBl. I, S. 1179).

57 Vgl. die Tagebucheintragung vom 6. August 1932, in: Goebbels, Vom Kaiserhof zur Reichskanzlei, S. 139, und Hitlers Schreiben vom 23. November 1932, in: Hubatsch, S. 358.

58 Völkischer Beobachter vom 31. Januar 1933, S. 1; Fricks Äußerungen finden sich auch in der *Berliner Morgenpost* vom selben Datum, S. 3.

59 Anders, aber ohne Belege für eine unfreie Stimmabgabe Thamer, Adolf Hitler, S. 170; Gusy, S. 294; Strenge, S. 82; einschränkend auch Morsey, Ermächtigungsgesetz und Reichskonkordat, S. 37: „noch halbwegs frei".

60 Vgl. Ministerbesprechung vom 7. März 1933, in: AdR, S. 160.

61 Vgl. ebd., S. 163 f.

62 Vgl. ebd., S. 160.

63 Vgl. ebd., S. 162.

64 Nach heutiger Rechtslage verhält es sich genauso (Artikel 40 Absatz 1 Satz 2 GG).

65 Zu den Ereignissen in Bayern näher Schwend, S. 487 ff.

66 Vgl. Ministerbesprechung vom 15. März 1933, in: AdR, S. 212 f.

67 Vgl. ebd., S. 214.

68 Vgl. ebd., S. 216.

69 Beispielsweise berichtete der preußische Finanzminister Popitz seinem Freund Carl Schmitt am 19. März 1933 über das Desinteresse Hindenburgs am Ermächtigungsgesetz, vgl. Schuller, S. 271.

70 Vgl. den Brief Schlegelbergers an Papen vom 16. März 1933, in: Morsey, Ermächtigungsgesetz, S. 28.

71 Vgl. das Schreiben vom 18. März 1933, in: Morsey, Ermächtigungsgesetz, S. 30 f.

72 Vgl. Medicus, S. 20; Schmitt, Deutsche Juristen-Zeitung [DJZ] 1933, Sp. 455; Kaisenberg, DJZ 1933, Sp. 459; Zschucke, DJZ 1933, Sp. 835.

73 Vgl. etwa den Beitrag „Die Ermächtigung" in der *Vossischen Zeitung* vom 21. März 1933 (Abend-Ausgabe), S. 4. Er wies darauf hin, dass jede rechtsstaatliche Garantie beseitigt werden solle.

74 Vgl. nur den Aufruf von 13 katholischen Verbänden und Organisationen zur Reichstagswahl vom 17. Februar 1933, in: Gruber, S. 17 ff., sowie den Aufruf der Fuldaer Bischofskonferenz zu den Wahlen vom 20. Februar 1933, ebd., S. 22; eingehend zu dem Thema Lönne, S. 232 ff.

75 Vgl. Vossische Zeitung vom 6. März 1933, S. 2.

76 Vgl. die Auflistung im Reichstags-Handbuch, VIII. Wahlperiode 1933, 1933, S. 62.

77 Vgl. Kaas Bericht im Fraktionsvorstand, in: Zentrumsprotokolle, S. 622.

78 Vgl. Vossische Zeitung vom 21. März 1933 (Morgen-Ausgabe), S. 1 f.

79 Statistiken und Biografien zu den Abgeordneten finden sich bei Hillger, S. 4 ff. „Kürschners Volkshandbuch" erscheint noch heute und informiert über die Abgeordneten des Bundestages.

80 Vgl. seinen Erlass vom 12. März 1933 (RGBl. I, S. 103). Der Erlass verstieß gegen Artikel 3 der Weimarer Verfassung. Im selben Jahr schlossen sich drei detaillierte Verordnungen zur Beflaggung an, vgl. Poetzsch-Heffter/Ule/Dernedde, JöR 22 (1935), S. 26 ff.

81 Vossische Zeitung vom 21. März 1933 (Morgen-Ausgabe), S. 1.

82 Meinecke, S. 25.

83 Vgl. etwa Strenge, S. 83. Die immer wieder zu lesende gegenteilige Behauptung (vgl. z. B. Fenske, S. 67; Wesel, S. 485; Hörster-Philipps, S. 428) ist nicht korrekt.

84 Verhandlungen des Reichstags, Bd. 457, S. 17 B.

85 Vgl. Fricks Bericht in der Ministerbesprechung vom 15. März 1933, in: AdR, S. 213.

86 Vgl. den Antrag der Fraktionen der NSDAP und der DNVP vom 21. März 1933, in: Verhandlungen des Reichstags, Bd. 457, Anlage 6.

87 So die Vossische Zeitung vom 23. März 1933, S. 1.

88 Vgl. Zentrumsprotokolle, S. 626.

89 Vgl. zum Inhalt der Unterredung Kaas' Bericht im Vorstand der Zentrumsfraktion am 22. März 1933, 18:40 Uhr, in: Zentrumsprotokolle, S. 626 f., sowie den Bericht Kaas' und Stegerwalds in der Fraktionssitzung am 23. März 1933, 11:15 Uhr, in: Zentrumsprotokolle, S. 630 f.

90 Hubert, S. 67.

91 Vgl. schon Hitlers Ausführungen in der Ministerbesprechung vom 20. März 1933, 11:15 Uhr, in: AdR, S. 239; ebenso der Bericht Kaas' im Vorstand der Zentrumsfraktion am 22. März 1933, 18:40 Uhr, in: Zentrumsprotokolle, S. 626 f., sowie den Bericht Kaas' in der Fraktionssitzung am 23. März 1933, 11:15 Uhr, ebd., S. 630.

92 Vgl. den Bericht Kaas' im Vorstand der Zentrumsfraktion am 22. März 1933, 18:40 Uhr, in: Zentrumsprotokolle, S. 627.

93 Vgl. Vossische Zeitung vom 23. März 1933 (Morgen-Ausgabe), S. 1.

94 Vgl. seinen Bericht in der Fraktionsvorstandssitzung vom 20. März 1933, in: Morsey, Zentrumsprotokolle, S. 622.

95 Vgl. Zentrumsprotokolle, S. 623.

96 Brief von Bolz an seine Frau vom 22. März 1933, in: Miller, S. 450.

97 Vgl. Brüning, S. 654 f.

98 Brief vom 22. März 1933, Morsey, Ermächtigungsgesetz, S. 39.

99 Brief Maiers an seine Frau vom 22. März 1933, in: Morsey, Ermächtigungsgesetz, S. 39.

Ein Tag im März

1 Vgl. Morsey, Zentrumsprotokolle, S. 629.

2 Vgl. ebd., S. 630.

3 Vgl. ebd.

4 Vgl. Morsey, Der Untergang des politischen Katholizismus, S. 30 ff.; Baranowski, in: Rossol/Ziemann, S. 417 (432).

5 Vgl. Haunfelder, S. 327.

6 Vgl. die Aufzeichnung des Zentrumshistorikers Karl Bachem vom 22. April 1933, in: Matthias/Morsey, S. 434.

7 Vgl. Morsey, Zentrumsprotokolle, S. 631.

8 Vgl. Felder, S. 37.

9 Severing, S. 385.

10 Ritzel, in: Vorwärts vom 20. Februar 1963, S. 9, in: Morsey, Das Ermächtigungsgesetz, S. 168.

11 Felder, S. 38 f.

12 Hoegner, S. 92; Ulrich, in: Becker/Rösslein, S. 128; Lemmer, S. 176; Maier, Ein Grundstein wird gelegt, S. 329; ders., Die Reden, S. 41; Bausch, Echo der Zeit vom 26. Februar 1958, in: Morsey, Das Ermächtigungsgesetz, S. 159.

13 In einer früheren Rede hatte er sogar von „schätzungsweise zwanzig" bewaffneten SA- und SS-Männern pro Oppositionsabgeordnetem gesprochen, vgl. Maier, Die Reden, S. 41.

14 Papen, S. 309.

15 Vossische Zeitung vom 23.3.1933 (Abendausgabe), S. 1.

16 Vgl. Verhandlungen des Reichstags, Bd. 457, S. 25 B und Anlage Nr. 5 (§ 2a, § 98 III GO-RT); vgl. auch Ministerbesprechung vom 20. März 1933, 11:15 Uhr, in: AdR, S. 239 f.

17 François-Poncet, S. 131.

18 Verhandlungen des Reichstags, Bd. 457, S. 28 B; vgl. auch die Synopse der Forderungen des Zentrums und der Aussagen in der Regierungserklärung in: Morsey, Das Ermächtigungsgesetz, S. 44 f.

19 Verhandlungen des Reichstags, Bd. 457, S. 31 A.

20 Ebd., S. 26 C, 28 A, C.

21 Ebd., S. 31 D.

22 Ebd., S. 32 A.

23 Ebd., S. 32 A, B.

24 François-Poncet, S. 131.

25 Vgl. Zentrumsprotokolle, S. 631.

26 Morsey, Ermächtigungsgesetz und Reichskonkordat, S. 40. Die von Treviranus, S. 370, erinnerten Zahlen („12 bis 15 Neinsager oder Abstinenten") weisen in dieselbe Richtung. Ähnlich („10 bis 15 Abgeordnete") Hörster-Philipps, S. 425.

27 Vgl. Verhandlungen des Reichstags, Bd. 457, S. 44.

28 Vgl. etwa Morsey, Ermächtigungsgesetz und Reichskonkordat, S. 41; Junker, S. 175 f.; die Motive für eine Zustimmung finden sich – in unterschiedlicher Gewichtung – auch in einem von Ludwig Kaas verfassten Zeitungsbeitrag vom 5. April 1933, in: Morsey, Ermächtigungsgesetz, S. 79 f., sowie in den Aussagen ehemaliger Reichstagsabgeordneter des Zentrums vor dem Untersuchungsausschuss des Landtages von Württemberg-Baden, in: Morsey, Ermächtigungsgesetz, S. 120 ff.

29 Vgl. zu einer angeblichen Bedankung Wels' Morsey, Der Untergang des politischen Katholizismus, S. 144; ebenso Schäffer, in: Morsey, Ermächtigungsgesetz, S. 150, und Roßmann, in: Becker/Rösslein, S. 190.

30 Vgl. Morsey, Ermächtigungsgesetz und Reichskonkordat, S. 45 ff.; Repgen, VfZ 26 (1978), S. 500; Hürten, S. 187, 233; Wolf, VfZ (2012), S. 169 ff.; Strenge, S. 80.

31 Für die Äußerungen Brünings s. Brüning, S. 656. Vgl. auch Treviranus, S. 395; Scholder, VfZ 26 (1978), S. 541 ff.; Mai, S. 124; Benz, S. 42.

32 Die im Folgenden genannten Namen finden sich bei Morsey, Der Untergang des politischen Katholizismus, S. 140 mit weiteren Nachweisen; Hörster-Philipps, S. 425; ähnlich Treviranus, S. 370.

33 Vgl. Haunfelder, S. 304.

34 Vgl. Braun, S. 87.

35 So Hörster-Philipps, S. 425 f. nach Aufzeichnungen Wirths.

36 Vgl. die Aufzeichnung von Karl Bachem vom 28. April 1933, in: Matthias/Morsey, S. 435.

37 Zentrumsprotokolle, S. 631 f.

38 Vgl. die Erinnerungen der Abgeordneten Siebert, in: Becker, VfZ 9 (1961), S. 209 f.

39 Vgl. Wengst, S. 289; Volkmann, S. 118; Patch, S. 298 f.

40 Vgl. Schönhoven, Historische Zeitschrift [HZ] 224 (1977), S. 373; Schwend, S. 491 f.

41 Vgl. Schönhoven, HZ 224 (1977), S. 373; Schwend, S. 490.

42 Vgl. Merseburger, S. 293.

43 Heuss, S. 23.

44 Heuss, S. 24.

45 Heuss, S. 25.

46 Vgl. Merseburger, S. 303.

47 Heuss, S. 25.

48 Vgl. Matthias/Morsey, S. 93 f.

49 Vgl. Opitz, S. 293.

50 Vgl. Opitz, S. 299, 301.

51 Vgl. Opitz, S. 299.

52 Vgl. Booms, S. 534 f.

53 Hoegner, S. 92, spricht in seinen Erinnerungen sogar von mehreren befreundeten Zentrumsabgeordneten, die vor einem „blutigen Gemetzel" unter den Sozialdemokraten gewarnt hätten.

54 Vgl. Maier, Ein Grundstein wird gelegt, S. 329 f.

55 Verhandlungen des Reichstags, Bd. 457, S. 33 A.

56 Ebd., S. 33 B.

57 Ebd., S. 33 C.

58 Ebd., S. 34 A.

59 Felder, S. 40.

60 Thamer, Verführung und Gewalt, S. 278.

61 François-Poncet, S. 132.

62 Verhandlungen des Reichstags, Bd. 457, S. 35 A.

63 Ebd., S. 35 D, S. 36 B.

64 Ebd., S. 36 C, D.

65 So Hoegner, S. 93.

66 Vgl. zum Folgenden in diesem Abschnitt Verhandlungen des Reichstags, Bd. 457, S. 37 ff.

67 Vgl. Maga, S. 285.

68 Verhandlungen des Reichstags, Bd. 457, S. 40 B.

69 Vgl. zu den Namen der Abgeordneten, die an der Abstimmung teilnahmen, und zu deren Stimmverhalten Verhandlungen des Reichstags, Bd. 457, S. 42 ff.

70 Ebd., S. 40 C.

71 Vossische Zeitung vom 24. März 1933 (Morgen-Ausgabe), S. 3.

72 Brüning, S. 659.

73 Vgl. Niederschriften über die Vollsitzungen des Reichsrates, 1933, S. 56.

74 Vgl. Morsey, Zentrumsprotokolle, S. 632.

75 Morsey, Zentrumsprotokolle, S. 632, Fn. 4.

76 Zitat aus der Ministerbesprechung am 24. März 1933, 11:30 Uhr, in: AdR, Hitler I, S. 248.

Die scheinlegale „Ermächtigung“

1 RGBl. I, S. 141.

2 Goebbels, Tagebücher, Bd. 2, S. 785.

3 Völkischer Beobachter vom 24. März 1933 (Berliner Ausgabe), S. 1.

4 Gilbert, S. 286.

5 Vgl. Meissner, Staatssekretär, S. 299; Schwerin von Krosigk, S. 197.

6 Vgl. Kaisenberg, DJZ 1933, Sp. 458; Schmitt, DJZ 1933, Sp. 456 f.; Koellreutter, DJZ 1933, Sp. 519; Pfundtner, S. 13; Scheuner, Archiv des öffentlichen Rechts [AöR] 24 (1934), S. 302; Meukel, S. 321; Huber, Verfassungsrecht, S. 49.

7 Vgl. Schmitt, DJZ 1933, Sp. 456 f.; Koellreutter, DJZ 1933, Sp. 518.

8 Vgl. Medicus, S. 17; Krüger, S. 10.

9 Vgl. Medicus, S. 17; von Bohlen, JW 1933, 1913; Schmitt, DJZ 1933, Sp. 456; Koellreutter, DJZ 1933, Sp. 520; Scheuner, AöR 24 (1934), S. 308; etwas anders Kaisenberg, DJZ 1933, Sp. 460: kein Recht zum Erlass formeller Verfassungsgesetze.

10 Vgl. Huber, DJZ 1934, 950 ff.

11 Vgl. Scheuner, AöR 24 (1934), S. 303; Schmitt, Staat, Bewegung, Volk, S. 6; Huber, Verfassungsrecht, S. 204, bezeichnete die Garantie des Reichstages als Einrichtung rückblickend als „von Anfang an unklar“.

12 Vgl. von Bohlen, JW 1933, 1913; Scheuner, AöR 24 (1934), S. 303; widersprüchlich hinsichtlich des Gesetzgebungsrechts Krüger, S. 15, 17. Zum Misstrauensvotum vgl. Medicus, S. 18; Krüger, S. 15; Schmitt, DJZ 1933, Sp. 457; Kaisenberg, DJZ 1933, Sp. 460; von Bohlen, JW 1933, 1913.

13 Vgl. Schmitt, DJZ 1933, Sp. 457; Kaisenberg, DJZ 1933, Sp. 460; Ule, RVwBl. 1933, 54 (1933), S. 606.

14 Vgl. Medicus, S. 17.

15 Vgl. Tatarin-Tarnheyden, DJZ 1933, Sp. 1228; Scheuner, AöR 24 (1934), S. 331; Huber, Verfassungsrecht, S. 204.

16 Vgl. Schmitt, DJZ 1933, Sp. 457; von Bohlen, JW 1933, 1913; Scheuner, AöR 24 (1934), S. 303.

17 Vgl. Koellreutter, DJZ 1933, Sp. 519; Schmitt, Reichstatthaltergesetz, 1933, S. 10; Scheuner, AöR 24 (1934), S. 328.

[18] Vgl. Medicus, S. 19; Krüger, S. 21; Schmitt, DJZ 1933, Sp. 457; Kaisenberg, DJZ 1933, Sp. 461; Koellreutter, DJZ 1933, Sp. 519; Scheuner, JW 1933, S. 1710; von Bohlen, JW 1933, S. 1914.

[19] Vgl. Höhn, Deutsches Recht [DR] 1934, S. 434; Huber, DR 1939, S. 275 ff.; ders., Verfassungsrecht, S. 235 ff.; Lammers, RVwBl. 1943, S. 43.

[20] Vgl. Huber, DR 1939, S. 277 f.

[21] Vgl. Schmitts Tagebucheinträge vom 23. und 24. März 1933, in: Schuller, S. 272 f.

[22] Vgl. Schmitts Tagebucheinträge aus dem April 1933, in: Schuller, S. 276 ff.

[23] Das Gesetz findet sich in RGBl. I, S. 175.

[24] Vgl. Gusy, S. 289; grundlegend zum Ausschluss unerwünschter Juristen aus dem Staatsdienst Höpel, Kritische Justiz 1994, S. 438 ff.; Stolleis, S. 254 ff.

[25] Vgl. etwa die „Richtlinien der Schriftleitung" der in Anwaltskreisen führenden *Juristischen Wochenschrift* vom 5.8.1933, JW 1933, S. 1989 f., wonach nur noch Beiträge von Personen veröffentlicht werden sollten, „die Arier sind" und „unbedingt auf dem Boden der nationalsozialistischen Weltanschauung stehen".

[26] Ebenso Bracher, Stufen der Machtergreifung, S. 235; Strenge, S. 82 ff.; unzutreffend hingegen Fenske, S. 68 (der sich zudem fälschlicherweise auf Artikel 68 WRV bezieht); Hubert, S. 62, Fn. 25; Haffner, S. 236.

[27] Zutreffend Möller, S. 378.

[28] Vgl. Mai, S. 123 f.

[29] Ebenso Bickenbach, Juristische Schulung [JuS] 2008, S. 203; Strenge, S. 84 f.; für eine Verfassungswidrigkeit der Geschäftsordnungsänderung auch Bracher, Stufen der Machtergreifung, S. 224; Winkler, Der Weg in die Katastrophe, S. 901 f.

[30] Ebenso Hess, Zeitschrift für Parlamentsfragen 16 (1985), 5 (6); Morsey, Ermächtigungsgesetz und Reichskonkordat, S. 39.

31 So zynischerweise Hitlers Steigbügelhalter Papen, S. 309.

32 Ebenso Winkler, Der Weg in die Katastrophe, S. 906.

33 Siehe auch Wadle, JuS 1983, S. 175 f.; Bickenbach, JuS 2008, S. 203; Gusy, 294; Bracher, Stufen der Machtergreifung, S. 235; Thamer, Verführung und Gewalt, S. 280; Deiseroth, Blätter für deutsche und internationale Politik 53 (2008), S. 101; unzutreffend hingegen Matthée, S. 98.

34 Vgl. Frotscher/Pieroth, Rn. 620; Wadle, JuS 1983, S. 175 f.; Bickenbach, JuS 2008, S. 203; Gusy, S. 295; Thamer, Verführung und Gewalt, S. 278; Deiseroth, Blätter für deutsche und internationale Politik 53 (2008), S. 101; Matthée, S. 108.

35 RGZ 138, Anhang, S. 40.

36 Die Verordnung vom 6. Februar 1933 ist zu finden in RGBl. I, S. 43.

37 Vgl. Talmon, ZNR 24 (2002), S. 125.

38 Giese, S. 190. Vgl. daneben nur Anschütz, WRV, S. 401 ff., 403; Thoma, in: Anschütz/Thoma, Handbuch des Staatsrechts, Bd. 2, S. 154.

39 Anschütz, WRV, S. 401.

40 Schau, S. 187.

41 Vgl. Meyer/Anschütz, S. 689 ff.; Dreier, in: ders., Artikel 79 III Rn. 2.

42 Vgl. Verhandlungen der verfassunggebenden Deutschen Nationalversammlung, Bd. 336, S. 69.

43 Vgl. Schmitt, Verfassungslehre, S. 11 ff., 18 ff., 20 ff., 102 ff.; ders., Hüter der Verfassung, S. 112 f.; Triepel, DJZ 31, Sp. 849; Bilfinger, ÄöR 11 (1926), S. 181 f.

44 Bilfinger, AöR 11 (1926), S. 181 f.

45 Schmitt, Hüter der Verfassung, S. 113.

46 Gusy, S. 295.

47 So etwa Matthée, S. 93 f.

48 Die gleichgeschaltete Juristenzunft begrüßte dies, vgl. Nassauer, DJZ 1934, Sp. 337; Huber, DJZ 1934, Sp. 950 ff.; ders., Das Verfassungsrecht des Großdeutschen Reiches, 2. Aufl. 1939, S. 43; Scheuner, AöR 24 (1934), S. 326; Poetzsch-Heffter/Ule/Dernedde, JöR 22 (1935), S. 257 f.

49 Vgl. Maurer, DÖV 1963, 963 mit weiteren Nachweisen.

Die tatsächlichen Wirkungen des Ermächtigungsgesetzes

1 Vgl. Thamer, Verführung und Gewalt.

2 So bereits die *Vossische Zeitung* vom 24. März 1933 (Abend-Ausgabe), S. 1; ausdrücklich auch die katholische *Kölnische Volkszeitung* vom 29. März 1933; Koellreutter, DJZ 1933, Sp. 519; Gerber, S. 32; Krüger, S. 14; Scheuner, AöR 24 (1934), S. 166, 298, 300; Poetzsch-Heffter/Ule/Dernedde, JöR 22 (1935), S. 10; Nicolai, Der Neuaufbau, S. 31 ff.; Schmitt, Staat, Bewegung, Volk, S. 5; Huber, Verfassungsrecht, S. 46 f., 49 f. Ebenso aus heutiger Sicht Grimm, in: Dreier/Waldhoff, S. 286; Gusy, S. 294: „Kulminationspunkt der Verfassungsauflösung"; ähnlich Stolleis, S. 246, 316; Hörster-Philipps, S. 428.

3 Schmitt, Staat, Bewegung, Volk, S. 5.

4 Vgl. z. B. Krüger, S. 8; Schmitt, Staat, Bewegung, Volk, S. 7; Poetzsch-Heffter/Ule/Dernedde, JöR 22 (1935), S. 9; Huber, Verfassungsrecht, S. 203.

5 Huber, Verfassungsrecht, S. 41.

6 Vgl. statt vieler Frank, JW 1933, S. 1225; Schmitt, DJZ 1933, Sp. 456; Koellreutter, DJZ 1933, Sp. 517; Tatarin-Tarnheyden, DJZ 1933, Sp. 1224; Peters, JW 1933, 1561; Hamann, JW 1933, S. 1705; Krüger, S. 1 ff.; Herrfahrdt, Wesen und Gestalt des Dritten Reiches, S. 7, 22, 25, 46; Gerber, S. 23; Scheuner, AöR 24

(1934), S. 166 ff.; Huber, DJZ 1934, Sp. 950; Poetzsch-Heffter/Ule/Dernedde, JöR 22 (1935), S. 5, 24. Sogar eine juristische Schriftenreihe trug den Namen „Das Recht der nationalen Revolution".

7 So Triepel, Deutsche Zeitung vom 2. April 1933, S. 1; Scheuner, AöR 24 (1934), S. 167. Zutreffend dazu schon Hartmann, Prager Juristenzeitung 13 (1933), S. 413.

8 Schmitt, Das Reichsstatthaltergesetz, 1933, S. 9; ebenso für eine Einordnung als vorläufige Verfassung von Bohlen, JW 1933, S. 1913; Krüger, S. 7; Scheuner, AöR 24 (1934), S. 301, 312; Poetzsch-Heffter/Ule/Dernedde, JöR 22 (1935), S. 11; Meukel, S. 322; ähnlich Koellreutter, DJZ 1933, Sp. 518: „erste Grundlage der neuen Verfassungsgestaltung"; ebenfalls ähnlich Poetzsch-Heffter/Ule/Dernedde, JöR 22 (1935), S. 20, die sogar von einer „Staatsgründung" sprechen.

9 Vgl. von Bohlen, JW 1933, S. 1913; Scheuner, AöR 24 (1934), S. 325; ebenso die Überschrift des Titels von Krüger.

10 Vgl. Schmitt, Staat, Bewegung, Volk, S. 5; Scheuner, AöR 24 (1934), S. 311; Herrfahrdt, Verfassungsgesetze, S. 3; etwas anders Huber, Verfassungsrecht, S. 52 ff., der die fortgeltenden Bestimmungen nicht als Verfassungsrecht, sondern als nur noch einfaches Recht ansah. Gegen jegliche Fortgeltung der Weimarer Verfassung oder einzelner Teile Schmitt, Staat, Bewegung, Volk, S. 6.

11 In dieser Richtung etwa Best, RVwBl.1939, S. 759 f.

12 Vgl. Stolleis, S. 318.

13 Vgl. z. B. Herrfahrdt, Verfassungsgesetze, S. 47, 51 f., 61, dem zufolge verschiedene Punkte des Parteiprogramms unter anderem folgende Vorschriften der Weimarer Verfassung ergänzten oder ersetzten: den Gleichheitssatz (Artikel 109 WRV), die Meinungsfreiheit (Artikel 118 WRV), die Schutzvorschriften für Mütter und Kinder (Artikel 119–122 WRV) und die Bestimmungen über das Schulwesen (Artikel 146–148 WRV). Vgl. auch Huber, Verfassungsrecht, S. 57.

[14] Das entspricht der allgemeinen Meinung, vgl. schon Anschütz, Aus meinem Leben, S. 327 f.; ebenso statt vieler z.B. Stolleis, S. 246; Herbert, S. 305; Strenge, S. 178 ff.; Wildt, S. 262, 297.

[15] Kaisenberg, DJZ 1933, Sp. 461.

[16] Ebenso Schneider, VfZ 1 (1953), S. 213 f.; Bracher, Stufen der Machtergreifung, S. 235.

[17] Zahlen nach Schneider, VfZ 1 (1953), S. 214.

[18] Zum NS-Reichstag Austermann, Der Weimarer Reichstag, S. 261 ff.; Hubert, passim.

[19] Vgl. zum „Gesetzgebungsverfahren" Krüger, S. 11 f.; Medicus, S. 21.

[20] Vgl. das „(Erste) Gesetz zur Gleichschaltung der Länder mit dem Reich" vom 31. März 1933 (RGBl. I, S. 153), mit dem die Mehrheitsverhältnisse der Landesparlamente denen des Reichstages nachgebildet wurden – allerdings bei Annullierung der KPD-, SPD- und Staatspartei-Mandate. Das größte Reichsland Preußen war bereits durch den Preußenschlag vom 20. Juli 1932 und dann durch eine Verordnung des Reichspräsidenten vom 6. Februar 1933 (RGBl. I, S. 43) der Kontrolle der Reichsregierung unterstellt worden. Der Multifunktionär Hermann Göring wurde am 25. April 1933 Preußischer Ministerpräsident (RGBl. I, S. 226).

[21] Vgl. das „Zweite Gesetz zur Gleichschaltung der Länder mit dem Reich" vom 7.4.1933 (RGBl. I, S. 173). Nach Ansicht Schmitts, Das Reichsstatthaltergesetz, 1933, S. 9, 21, hob das Gesetz Artikel 5 und Artikel 17 Absatz 1 Satz 3 WRV auf. Ebenso zu Artikel 17 WRV Herrfahrdt, Verfassungsgesetze, S. 13.

[22] Erstes Gesetz zur Überleitung der Rechtspflege auf das Reich vom 16. Februar 1934 (RGBl. I, S. 91).

[23] Reichskulturkammergesetz vom 23. September 1933 (RGBl. I, S. 661); Schriftleitergesetz vom 4. Oktober 1933 (RGBl. I, S. 713); Lichtspielgesetz vom 16. Februar 1934 (RGBl. I, S. 95).

[24] Gesetz über die Immunität der Abgeordneten vom 23. Juni 1933 (RGBl. I, S. 391).

25 Gesetz gegen die Neubildung von Parteien vom 14. Juli 1933 (RGBl. I, S. 479).

26 Gesetz zur Sicherung der Einheit von Partei und Staat vom 1. Dezember 1933 (RGBl. I, S. 1016).

27 Vgl. Schmitt, DJZ 1933, Sp. 456; Koellreutter, DJZ 1933, Sp. 520; Krüger, S. 13; zurückhaltend zuvor noch Kaisenberg, DJZ 1933, Sp. 460.

28 Gesetz über den Neuaufbau des Reichs vom 30. Januar 1934 (RGBl. I, S. 75).

29 Gesetz über die Aufhebung des Reichsrats vom 14. Februar 1934 (RGBl. I, S. 89).

30 Gesetz über Maßnahmen der Staatsnotwehr vom 3. Juli 1934 (RGBl. I, S. 529).

31 Gesetz über das Staatsoberhaupt des Deutschen Reichs vom 1. August 1934 (RGBl. I, S. 747).

32 Gesetz über die Vereidigung der Beamten und der Soldaten der Wehrmacht vom 20. August 1934 (RGBl. I, S. 785).

33 RGBl. I, S. 151.

34 Anderer Ansicht naturgemäß Poetzsch-Heffter/Ule/Dernedde, JöR 22 (1935), 1 (266).

35 Vgl. Ministerbesprechung vom 7. März 1933, 16:15 Uhr, in: AdR, S. 165.

36 Vgl. Ministerbesprechung vom 15. März 1933, in: AdR, S. 218.

37 Vgl. Ministerbesprechung vom 24. März 1933, 11:30 Uhr, in: AdR, S. 253; die Ansicht Strenges, S. 108 f., das Gesetz sei nie beschlossen worden, ist angesichts der ausdrücklichen Billigung nicht nachvollziehbar.

38 Vgl. Nicolai, JW 1933, S. 2316 f.

39 Vgl. Schafheutle, JW 1933, S. 2794.

40 RGBl. I, S. 995.

41 Vgl. Frotscher/Pieroth, Rn. 620; Wadle, JuS 1983, S. 175 f.; Bickenbach, JuS 2008, S. 203; a. A. Papen, S. 310; Zippelius, S. 141.

42 Vgl. Verhandlungen des Reichstags, Bd. 459, S. 2 B, C und Bd. 460, S. 1 C.

43 So auch Schwerin von Krosigk, S. 196 f., der allerdings behauptete, das Gesetz sei legal gewesen.

44 Vgl. Gusy, S. 292; zur Legalitätstaktik Hitlers statt vieler Thamer, Adolf Hitler, S. 192 f.

45 So ausdrücklich zum Ermächtigungsgesetz Thamer, Verführung und Gewalt, S. 280.

46 Winkler, Der lange Weg nach Westen, S. 13.

47 Vgl. Möller, S. 377; Wirsching, S. 21; einschränkend zur Wirkung des Ermächtigungsgesetzes Mai, S. 123.

48 Vgl. für die Sicht der Juristen Stolleis, S. 317.

49 Vgl. Blaschke, S. 91 f.; Morsey, Ermächtigungsgesetz und Reichskonkordat, S. 42; Kösters, S. 81 f.; Möckelmann, S. 100.

50 Vgl. Heuss, S. 26; ebenso Maier vor dem Untersuchungsausschuss des Landtages von Württemberg-Baden am 10. Februar 1947, in: Becker/Rösslein, S. 89; in diese Richtung auch die Aussagen der früheren SPD-Reichstagsabgeordneten Fritz Ulrich und Erich Roßmann, in: Becker/Rösslein, S. 126, 190. Wie hier auch Merseburger, S. 297 f.; Radkau, S. 185 f.

51 RGBl. I, S. 1146.

52 RGBl. I, S. 41.

Historische Lehren

1 Vgl. Amtsblatt des Kontrollrats in Deutschland, 1945, S. 6.

2 Vgl. Becker, in: ders./Röslein, S. 17.

3 Vgl. Maier, Eine traurige Geschichte, in: Stuttgarter Zeitung vom 27. November 1946.

4 Die Schlussfolgerungen des Abschlussberichts des Untersuchungsausschusses sind abgedruckt in: Becker/Rösslein, S. 359 ff.

5 Vgl. die Protokolle des Untersuchungsausschusses, in: Becker/Rösslein, S. 52 ff.

6 Vgl. von Doemming/Füsslein/Matz, JöR 1 n. F., S. 585.

7 Zu den Regelungen in auswärtigen Verfassungen vgl. Dreier, in: Dreier, Artikel 79 III Rn. 12; Herdegen, in: Dürig/Herzog/Scholz, Artikel 79 Rn. 71.

8 Vgl. statt vieler Dreier, in: Dreier, Artikel 79 III Rn. 8; Herdegen, in: Dürig/Herzog/Scholz, Artikel 79 Rn. 77.

9 Vgl. Herdegen, in: Dürig/Herzog/Scholz, Artikel 79 Rn. 60.

10 Vgl. die Ausführungen des Abg. Dr. Katz in der 29. Sitzung des Organisationsausschusses, vgl. von Doemming/Füsslein/Matz, JöR 1 n.F., S. 586.

11 So der Abgeordnete Dr. Dehler und der Abgeordnete Dr. Schmid in der zweiten Lesung im Hauptausschuss, vgl. von Doemming/Füsslein/Matz, JöR 1 n.F., S. 586.

12 Gusy, S. 295.

13 Zu den Belastungen, denen die Weimarer Republik ausgesetzt war, eingehend Austermann, Der Weimarer Reichstag, S. 15 ff., und zum demokratiezerstörenden Verhalten Hindenburgs und seiner „Kamarilla“ ebd., S. 98 ff.

14 Gerade das sogenannte Grundlagenfach Verfassungsgeschichte muss deutlich gestärkt werden.

Quellen und Literatur

Quellen

Anschütz, Gerhard, Die Verfassung des Deutschen Reichs vom 11. August 1919, 14. Aufl., Berlin 1933 (Nachdruck Darmstadt 1960 [zitiert als Anschütz, WRV).

Anschütz, Gerhard/Thoma, Richard (Hrsg.), Handbuch des Deutschen Staatsrechts, Erster Band, Tübingen 1930; Zweiter Band, Tübingen 1932 [zitiert als Bearbeiter, in: HStR I bzw. II].

Anschütz, Gerhard, Aus meinem Leben, Frankfurt a. M. 1993.

Best, Werner, Die Weimarer Verfassung. Ein Nachwort zum 11. August 1939, RVwBl. 1939, S. 757–760.

Bilfinger, Carl, Verfassungsumgehung. Betrachtungen zur Auslegung der Weimarer Verfassung, Archiv des öffentlichen Rechts [AöR], 11 (1926), S. 163–191.

Boehr, N.N., Nochmals die Schutzhaft gemäß der Verordnung vom 28. Februar 1933, Juristische Wochenschrift [JW] 1933, S. 2499–2500.

Bohlen, Kurt von, Das Verfassungsrecht des nationalen Volkstaats, JW 1933, S. 1913–1916.

Brüning, Heinrich, Memoiren. 1918–1934, Stuttgart 1970.

Deutscher Reichstag (Hrsg.), Verhandlungen des Reichstags, Band 457, 459 und 460, Berlin 1934 ff.; auch abrufbar unter: http://www.reichstagsprotokolle.de.

Bureau des Reichstages (Hrsg.), Reichstags-Handbuch, VIII. Wahlperiode 1933, Berlin 1933.

Büro des Reichsrates (Hrsg.), Niederschriften über die Vollsitzungen des Reichsrates 1933, Berlin 1933.

Eschenburg, Theodor, Letzten Endes meine ich doch. Erinnerungen 1933–1999, Berlin 2000.

Eschenhagen, Wieland (Hrsg.), Die Machtergreifung. Tagebuch einer Wende nach Presseberichten vom 1. Januar bis 6. März 1933, München 1982.

Felder, Josef, Aufzeichnungen und Erinnerungen, in: Deutscher Bundestag (Hrsg.): Abgeordnete des Deutschen Bundestages. Aufzeichnungen und Erinnerungen, Band 1, Boppard am Rhein 1982, S. 9–78.

François-Poncet, André, Botschafter in Berlin. 1931–1938, hrsg. von Thomas Gayda, Berlin 2018.

Frank, Hans, Die Zukunft der deutschen Anwaltschaft, JW 1933, S. 1225–1227.

Gerber, Hans, Staatsrechtliche Grundlinien des neuen Reiches, Tübingen 1933.

Giese, Friedrich, Die Verfassung des Deutschen Reiches. Taschenausgabe für Studium und Praxis, 8. Aufl., Berlin 1931.

Gilbert, Gustave M., Nürnberger Tagebuch, 16. Aufl., Frankfurt a. M. 2017.

Goebbels, Joseph, Tagebücher 1924–1945, Bd. 2: 1930–1934, hrsg. von Ralf Georg Reuth, München/Zürich 1992.

Goebbels, Joseph, Vom Kaiserhof zur Reichskanzlei. Eine historische Darstellung in Tagebuchblättern, München 1934.

Hamann, N.N., Die VO zur Abwehr heimtückischer Angriffe gegen die Regierung der nationalen Erhebung v. 21. März 1933, S. 1705–1706.

Hartmann, Paul, Die Rechtsgrundlagen der neuen deutschen Verfassung, Prager Juristenzeitung 13 (1933), S. 408–413.

Herrfahrdt, Heinrich, Werden und Gestalt des Dritten Reiches, Berlin 1933.

Herrfahrdt, Heinrich, Die Verfassungsgesetze des nationalsozialistischen Staates dem Text der Weimarer Verfassung gegenübergestellt, Marburg 1935.

Heuss, Theodor, Die Machtergreifung und das Ermächtigungsgesetz. Zwei nachgelassene Kapitel der Erinnerungen 1905 bis 1933, Tübingen 1967.

Hillger, Hermann (Hrsg.), Kürschners Volkshandbuch Deutscher Reichstag, Berlin 1933.

Hoegner, Wilhelm, Der schwierige Außenseiter. Erinnerungen eines Abgeordneten, Emigranten und Ministerpräsidenten, München 1959.

Höhn, Reinhard, Das Gesetz als Akt der Führung, Deutsches Recht [DR] 1934, S. 433–435.

Hubatsch, Walther, Hindenburg und der Staat. Aus den Papieren des Generalfeldmarschalls und Reichspräsidenten 1878–1934, Göttingen 1966.

Huber, Ernst Rudolf, Die Einheit der Staatsgewalt, Deutsche Juristen-Zeitung [DJZ] 1934, Sp. 950–960.

Huber, Ernst Rudolf, Der Führer als Gesetzgeber, DR 1939, S. 275–278.

Huber, Ernst Rudolf, Verfassungsrecht des Großdeutschen Reiches, 2. Aufl., Hamburg 1939.

Hürten, Heinz (Hrsg.), Deutsche Geschichte in Quellen und Darstellung, Bd. 9: Weimarer Republik und Drittes Reich 1918–1945, Stuttgart 2018.

Juristische Wochenschrift (Redaktion), Richtlinien der Schriftleitung, JW 1933, S. 1689–1690.

Kaisenberg, Georg, Das Ermächtigungsgesetz, DJZ 1933, Sp. 458–461.

Kleist-Schmenzin, Ewald von, Die letzte Möglichkeit. Zur Ernennung Hitlers zum Reichskanzler am 30. Januar 1933, Politische Studien 10 (1959), S. 89–92.

Koellreutter, Otto, Der nationale Rechtsstaat, DJZ 1933, Sp. 517–524.

Krüger, Heinrich, Die Verfassung der nationalsozialistischen Revolution, 2. Aufl., Dresden 1933.

Lammers, Hans Heinrich, Zum 30. Januar 1943, RVwBl. 1943, S. 41–44.

Lemmer, Ernst, Manches war doch anders. Erinnerungen eines deutschen Demokraten, München 1996.

Lüdtke, N.N., Die Schutzhaft gemäß der Verordnung vom 28. Febr. 1933, JW 1933, S. 2241–2242.

Maier, Reinhold, Ein Grundstein wird gelegt. Die Jahre 1945–1947, Tübingen 1964.

Maier, Reinhold, Die Reden. Eine Auswahl, hrsg. von Wilhelm Hofmann, Stuttgart 1982.

Matthias, Erich/Morsey, Rudolf (Hrsg.), Das Ende der Parteien 1933. Darstellungen und Dokumente, Königstein/Düsseldorf 1979 (Nachdruck der Ausgabe von 1960).

Medicus, Franz Albrecht, Programm der Reichsregierung und Ermächtigungsgesetz, Berlin 1933.

Meinecke, Friedrich, Die deutsche Katastrophe. Betrachtungen und Erinnerungen, 5. Aufl., Wiesbaden 1955.

Meissner, Otto, Das Staatsrecht des Reichs und seiner Länder, 2. Aufl., Berlin 1923.

Meissner, Otto, Staatssekretär unter Ebert – Hindenburg – Hitler. Der Schicksalsweg des deutschen Volkes von 1918–1945, wie ich ihn erlebte, Hamburg 1950.

Meukel, Leonhard, in: Frank, Hans (Hrsg.), Nationalsozialistisches Handbuch für Recht und Gesetzgebung, 2. Aufl., München 1935, S. 320–322.

Meyer, Georg/Anschütz, Gerhard, Lehrbuch des deutschen Staatsrechts, 7. Aufl., München – Leipzig 1919.

Miller, Max, Eugen Bolz. Staatsmann und Bekenner, Stuttgart 1951.

Minuth, Karl-Heinz, Akten der Reichskanzlei. Regierung Hitler 1933–1938, Teil I: 1933/34, Bd. 1, Boppard am Rhein 1983 [zitiert als: AdR].

Morsey, Rudolf (Hrsg.), Protokolle der Reichstagsfraktion und des Fraktionsvorstands der Deutschen Zentrumspartei, Düsseldorf 1969 [zitiert als: Zentrumsprotokolle].

Morsey, Rudolf (Hrsg.), Das „Ermächtigungsgesetz“ vom 24. März 1933. Quellen zur Geschichte und Interpretation des „Gesetzes zur Behebung der Not von Volk und Reich“, Düsseldorf 2010.

Nassauer, Erich, Gewaltenteilung im nationalsozialistischen Staate?, DJZ 1934, Sp. 336–337.

Neubert, Reinhard, Die Schranken richterlichen Prüfungsrechts bei staatspolitischen Handlungen der Verwaltung, JW 1933, S. 2426–2427.

Nicolai, Helmut, Die rückwirkende Kraft von Strafgesetzen, JW 1933, S. 2315–2316.

Nicolai, Helmut, Der Neuaufbau des Reiches nach dem Reichsreformgesetz vom 30. Januar 1934, Berlin 1934.

Papen, Franz von, Der Wahrheit eine Gasse, München 1952.

Peters, Karl, Nationalsozialismus und Strafrecht, JW 1933, S. 1561–1564.

Pfundtner, Hans, Die neue Stellung des Reichs. Vortrag, gehalten in der Verwaltungs-Akademie zu Berlin am 4. Juli 1933, Berlin 1933.

Picker, Henry, Hitlers Tischgespräche im Führerhauptquartier, 3. Aufl., Stuttgart 1976.

Poetzsch-Heffter, Fritz, Vom Staatsleben unter der Weimarer Verfassung (vom 1. Januar 1929 bis 31. Januar 1933), Jahrbuch des öffentlichen Rechts [JöR] 21 (1933/34), S. 1–204.

Poetzsch-Heffter, Fritz/Ule, Carl-Hermann/Dernedde, Carl, Vom Deutschen Staatsleben (vom 30. Januar bis 31. Dezember 1933), in: JöR 22 (1935), S. 1–272.

Schafheutle, Josef, Das Gesetz gegen gefährliche Gewohnheitsverbrecher und über Maßregeln der Sicherung und Besserung, JW 1933, S. 2794–2800.

Scheuner, Ulrich, Rezension zu Herbert Krüger, Die Verfassung der nationalen Revolution, JW 1933, S. 1709–1710.

Scheuner, Ulrich, Die nationale Revolution. Eine staatsrechtliche Untersuchung, Archiv des öffentlichen Rechts [AöR], 24 (1934), S. 166–220, 261–344.

Schmitt, Carl, Die geistesgeschichtliche Lage des heutigen Parlamentarismus, 2. Aufl., München/Leipzig 1926.

Schmitt, Carl, Verfassungslehre, München/Leipzig 1928.

Schmitt, Carl, Der Hüter der Verfassung, Tübingen 1931.

Schmitt, Carl, Staat, Bewegung, Volk, 2. Aufl., Hamburg 1933.

Schmitt, Carl, Das Reichsstatthaltergesetz, Berlin 1933.

Schmitt, Carl, Das Gesetz zur Behebung der Not von Volk und Reich, DJZ 1933, Sp. 455–458.

Schuller, Wolfgang (Hrsg.), Carl Schmitt. Tagebücher 1930–1934, Berlin 2010.

Schwerin von Krosigk, Lutz Graf, Es geschah in Deutschland. Menschbilder unseres Jahrhunderts, Tübingen 1951.

Severing, Carl, Mein Lebensweg, Bd. II: Im Auf und Ab der Republik, Köln 1950.

Tatarin-Tarnheyden, Edgar, Verfassungsneubau zum völkischen Rechtsstaat, DJZ 1933, Sp. 1224–1229.

Tschirschky, Fritz Günther von, Erinnerungen eines Hochverräters, Stuttgart 1972.

Treviranus, Gottfried Reinhold, Das Ende von Weimar. Heinrich Brüning und seine Zeit, Düsseldorf – Wien 1968.

Triepel, Heinrich, Das Abdrosselungsgesetz, DJZ 1931, Sp. 845–850.

Ule, Carl Hermann, Ermächtigungsgesetz und Reichstag, RVwBl. 1933, 54 (1933), S. 604–607.

Verfassunggebende Deutsche Nationalversammlung (Hrsg.), Verhandlungen der verfassunggebenden Deutschen Nationalversammlung, Band 336, Berlin 1920; auch abrufbar unter: http://www.reichstagsprotokolle.de.

Zschucke, [Otto], „Reichsführungsgesetz, nicht „Ermächtigungsgesetz", DJZ 1933, Sp. 835.

Literatur

Austermann, Philipp, Der Weimarer Reichstag. Die schleichende Ausschaltung, Entmachtung und Zerstörung eines Parlaments, Wien/Köln/Weimar 2020.

Becker, Ernst Wolfgang/Rösslein, Thomas (Hrsg.), Politischer Irrtum im Zeugenstand. Der Untersuchungsausschuss des württemberg-badischen Landtags 1947 zum „Ermächtigungsgesetz" vom 23. März 1933, Stuttgart/München 2003.

Becker, Josef, Zentrum und Ermächtigungsgesetz 1933, Vierteljahrshefte für Zeitgeschichte [VfZ] 9 (1961), S. 195–201.

Benz, Wolfgang, Geschichte des Dritten Reiches, München 2000.

Bickenbach, Christian, Vor 75 Jahren: Die Entmächtigung der Weimarer Reichsverfassung durch das Ermächtigungsgesetz, Juristische Schulung [JuS] 2008, S. 199–203.

Blaschke, Olaf, Die Kirchen und der Nationalsozialismus, Stuttgart 2014.

Booms, Hans, Die Deutsche Volkspartei, in: Matthias, Erich/Morsey, Rudolf (Hrsg.), Das Ende der Parteien 1933. Darstellungen und Dokumente, Königstein/Düsseldorf 1979 (Nachdruck der Ausgabe von 1960), S. 523–539.

Bracher, Karl Dietrich, Die Auflösung der Weimarer Republik. Eine Studie zum Problem des Machtverfalls in der Demokratie, 2. Aufl., Stuttgart/Düsseldorf 1957.

Bracher, Karl Dietrich/Schulz, Gerhard/Sauer, Wolfgang (Hrsg.), Die nationalsozialistische Machtergreifung, Bd. I: Karl Dietrich Bracher, Die Stufen der Machtergreifung, Frankfurt a. M. 1974.

Braun, Bernd, Gegen den Strom. Joseph Wirths politisches Leben für Weimar, gegen Hitler, für die deutsche Einheit, in: Epkenhans, Michael/Frie, Ewald (Hrsg.), Politiker ohne Amt. Von Metternich bis Helmut Schmidt, Paderborn 2019, S. 67–87.

Deiseroth, Dieter, Die Legalitäts-Legende. Vom Reichstagsbrand zum NS-Regime, Blätter für deutsche und internationale Politik 53 (2008), S. 91–102.

Doemming, Klaus-Berto von/Füsslein, Rudolf Werner/Matz, Werner, Entstehungsgeschichte der Artikel des Grundgesetzes, Jahrbuch des öffentlichen Rechts n. F. 1 (1951).

Dreier, Horst (Hrsg.), Grundgesetz-Kommentar, Bd. II, 3. Aufl., Tübingen 2015.

Dreier, Horst/Waldhoff, Christian (Hrsg.), Das Wagnis der Demokratie. Eine Anatomie der Weimarer Reichsverfassung, München 2018.

Dürig, Günter/Herzog, Roman/Scholz, Rupert (Hrsg.), Grundgesetz. Kommentar, Loseblatt, München (Stand: 7/2021).

Eschenburg, Theodor, Franz von Papen, VfZ 1 (1953), S. 153–169.

Fenske, Hans, Deutsche Verfassungsgeschichte. Vom Norddeutschen Bund bis heute, 2. Aufl., Berlin 1984.

Frotscher, Werner/Pieroth, Bodo, Verfassungsgeschichte, 17. Aufl., München 2018.

Gruber, Hubert, Katholische Kirche und Nationalsozialismus 1930–1945. Ein Bericht in Quellen, Paderborn 2006.

Gusy, Christoph, 100 Jahre Weimarer Verfassung. Eine gute Verfassung in schlechter Zeit, Tübingen 2018.

Haffner, Sebastian, Von Bismarck zu Hitler. Ein Rückblick, München 2009.

Haunfelder, Bernd, Reichstagsabgeordnete der Deutschen Zentrumspartei 1871–1933, Düsseldorf 1999.

Herbert, Ulrich, Geschichte Deutschlands im 20. Jahrhundert, München 2014.

Hess, Adalbert, Das Abstimmungsergebnis zum Ermächtigungsgesetz vom 23. März 1933, Zeitschrift für Parlamentsfragen 16 (1985), S. 5 *f.*

Hett, Benjamin Carter, Der Reichstagsbrand. Wiederaufnahme eines Verfahrens, Reinbek bei Hamburg 2016.

Höpel, Stefan, Die „Säuberung" der deutschen Rechtswissenschaft. Ausmaß und Dimensionen der Vertreibung nach 1933, Kritische Justiz 1994, S. 438–460.

Hörster-Philipps, Ulrike, Joseph Wirth 1879–1956. Eine politische Biographie, Paderborn 1998.

Hubert, Peter, Uniformierter Reichstag. Die Geschichte der Pseudo-Volksvertretung 1933–1945, Düsseldorf 1992.

Hürten, Heinz, Deutsche Katholiken 1918 bis 1945, Paderborn 1992.

Junker, Detlef, Die Deutsche Zentrumspartei und Hitler 1932/33. Ein Beitrag zur Problematik des politischen Katholizismus, Stuttgart 1969.

Kellerhoff, Sven Felix, Der Reichstagsbrand. Die Karriere eines Kriminalfalls, Berlin 2008.

Kösters, Christoph, Die deutschen katholischen Bischöfe 1933–1945, in: ders./Ruff, Mark Edward (Hrsg.), Die katholische Kirche im Dritten Reich. Eine Einführung, 2. Aufl., Freiburg 2018, S. 79–91.

Lönne, Karl-Egon, Politischer Katholizismus im 19. und 20. Jahrhundert, Frankfurt a. M. 1995.

Maga, Christian, Prälat Johann Leicht (1868–1940). Konservativer Demokrat in der Krise der Zwischenkriegszeit, Dissertation Regensburg 1990.

Mai, Gunther, Die Weimarer Republik, 3. Aufl., München 2018.

Matthée, Ulrich, Die Legalität des Ermächtigungsgesetzes vom 24. März 1933 und die Schranken der Verfassungsrevision in der Weimarer Verfassung, Dissertation Kiel 1971.

Matthias, Erich/Morsey, Rudolf, Die Deutsche Staatspartei, in: dies. (Hrsg.), Das Ende der Parteien 1933. Darstellungen und Dokumente, Königstein – Düsseldorf 1979 (Nachdruck der Ausgabe von 1960), S. 31–97.

Maurer, Hartmut, Das richterliche Prüfungsrecht zur Zeit der Weimarer Verfassung. Ein Beitrag zum historischen Vorverständnis des Art. 100 GG, DÖV 1963, S. 683–688.

Merseburger, Peter, Theodor Heuss. Der Bürger als Präsident. Biographie, München 2012.

Möckelmann, Reiner, Restaurativer Illusionär und Vasall: Franz von Papen, in: Epkenhans, Michael/Frie, Ewald (Hrsg.), Politiker ohne Amt. Von Metternich bis Helmut Schmidt, Paderborn 2019, S. 89–114.

Möller, Horst, Die Weimarer Republik. Demokratie in der Krise, München 2018.

Morsey, Rudolf, Hitlers Verhandlungen mit der Zentrumsführung am 31. Januar 1933, VfZ 9 (1961), S. 182–194.

Morsey, Rudolf, Der Untergang des politischen Katholizismus. Die Zentrumspartei zwischen christlichem Selbstverständnis und „Nationaler Erhebung" 1932/33, Stuttgart/Zürich 1977.

Morsey, Rudolf, Ermächtigungsgesetz und Reichskonkordat, in: Kösters, Christoph/Ruff, Mark Edward (Hrsg.), Die katholische Kirche im Dritten Reich. Eine Einführung, 2. Aufl., Freiburg 2018, S. 35–49.

Müller, Ingo, Furchtbare Juristen. Die unbewältigte Vergangenheit unserer Justiz, München 1987.

Opitz, Günter, Der Christlich-Soziale Volksdienst. Versuch einer protestantischen Partei in der Weimarer Republik, Düsseldorf 1969.

Patch, William L., Heinrich Brüning and the Dissolution of the Weimar Republic, Cambridge 1998.

Radkau, Joachim, Theodor Heuss, München 2013.

Repgen, Konrad, Über die Entstehung der Reichskonkordats-Offerte im Frühjahr 1933 und die Bedeutung des Reichskonkordats. Kritische Bemerkungen zu einem neuen Buch, VfZ 26 (1978), S. 499–534.

Ritthaler, Anton, Eine Etappe auf Hitlers Weg zur ungeteilten Macht. Hugenbergs Rücktritt als Reichsminister, VfZ 8 (1960), S. 193–219.

Schau, Götz-Friedrich, Das Verhältnis von Verfassung und einfachem Recht in der Staatsrechtslehre der Weimarer Republik, Frankfurt a. M. 2002.

Schönhoven, Klaus, Zwischen Anpassung und Ausschaltung. Die Bayerische Volkspartei in der Endphase der Weimarer Republik 1932/33, Historische Zeitschrift [HZ] 224 (1977), S. 340–378.

Scholder, Klaus, Altes und Neues zur Vorgeschichte des Reichskonkordats. Erwiderung auf Konrad Repgen, VfZ 26 (1978), S. 535–570.

Schwend, Karl, Die Bayerische Volkspartei, in: Matthias, Erich/Morsey, Rudolf (Hrsg.), Das Ende der Parteien 1933. Darstellungen und Dokumente, Königstein/Düsseldorf 1979 (Nachdruck der Ausgabe von 1960), S. 457–519.

Siemens, Daniel, Sturmabteilung. Die Geschichte der SA, München 2019.

Stolleis, Michael, Geschichte des öffentlichen Rechts in Deutschland. Weimarer Republik und Nationalsozialismus, München 2002.

Strenge, Irene, 30. Januar 1933 bis 2. August 1934. Juristische Aspekte des NS-Regimes, Berlin 2020.

Talmon, Stefan, Ende des Föderalismus. Gleichschaltung und Entstaatlichung der deutschen Länder von der nationalsozialistischen Machtergreifung bis Auflösung des Reichsrats, Zeitschrift für Neuere Rechtsgeschicht [ZNR] 24 (2002), S. 112–155.

Thamer, Hans-Ulrich, Verführung und Gewalt. Deutschland 1933–1945, Siedler Deutsche Geschichte (Vierbändige Sonderausgabe), Bd. 3, München 2004.

Thamer, Hans-Ulrich, Adolf Hitler. Biographie eines Diktators, München 2018.

Ullrich, Volker, Adolf Hitler. Biographie, Bd. 1: Die Jahre des Aufstiegs, 2. Aufl., Frankfurt a. M. 2013.

Volkmann, Peer Oliver, Heinrich Brüning – Politischer Ratgeber im Exil und für das Nachkriegsdeutschland, in: Epkenhans, Michael/Frie, Ewald (Hrsg.), Politiker ohne Amt. Von Metternich bis Helmut Schmidt, Paderborn 2019, S. 115–142.

Wadle, Elmar, Das Ermächtigungsgesetz. Eine Erinnerung, JuS 1983, S. 170–176.

Wengst, Udo, Heinrich Brüning (1885–1970), in: Fröhlich, Michael (Hrsg.), Die Weimarer Republik. Portrait einer Epoche in Biographien, Darmstadt 2002, S. 282–292.

Wesel, Uwe, Geschichte des Rechts. Von den Frühformen bis zur Gegenwart, 4. Aufl., München 2014.

Wildt, Michael, Zerborstene Zeit. Deutsche Geschichte 1918–1945, München 2022.

Willoweit, Dietmar/Schlinker, Steffen, Deutsche Verfassungsgeschichte. Vom Frankenreich bis zur Wiedervereinigung Deutschlands, 8. Aufl., München 2019.

Winkler, Heinrich August, Der Weg in die Katastrophe. Arbeiter und Arbeiterbewegung in der Weimarer Republik 1930 bis 1933, 2. Aufl. Berlin und Bonn 1990.

Winkler, Heinrich August, Der lange Weg nach Westen, Bd. 2, München 2000.

Wirsching, Andreas, Die deutsche „Mehrheitsgesellschaft" und die Etablierung des NS-Regimes im Jahre 1933, in: ders. (Hrsg.), Das Jahr 1933. Die nationalsozialistische Machteroberung und die deutsche Gesellschaft, Göttingen 2009, S. 9–29.

Wolf, Hubert, Reichskonkordat für Ermächtigungsgesetz? Zur Historisierung der Scholder-Repgen-Kontroverse über das Verhältnis des Vatikans zum Nationalsozialismus, VfZ 60 (2012), S. 169–200.

Zippelius, Reinhold, Kleine deutsche Verfassungsgeschichte. Vom frühen Mittelalter bis zur Gegenwart, 7. Aufl., München 2006.

Abbildungsnachweis

S. 8: Historische Ansichtskarte, in Privatbesitz
S. 12, 58, 61 und 65 (l. u. r.): akg-images
S. 46: brandstaetter images/Austrian Ar/Süddeutsche Zeitung Photo
S. 74: Scherl/Süddeutsche Zeitung Photo
S. 110: akg-images/picture-alliance/dpa

Über den Autor

© privat

Philipp Austermann, Prof. Dr., geb. 1978, früher Parlamentsbeamter, heute Professor für Staats- und Europarecht an der Hochschule des Bundes, Brühl. Autor und Mitherausgeber staatsrechtlicher Kommentare und Lehrbücher sowie Verfasser des zeitgeschichtlichen Werkes „Der Weimarer Reichstag. Die schleichende Ausschaltung, Entmachtung und Zerstörung eines Parlaments“ (2020).